Ursi Tanner-Herter

Zillis – Biblische Bilder

TVZ

Ursi Tanner-Herter

Zillis – Biblische Bilder

Die romanische Bilderdecke der Kirche St. Martin in Zillis

Fotografien von Peter Jesse
Mit 50 farbigen und 66 schwarzweissen Bildtafeln

Theologischer Verlag Zürich

Wir danken der Ulrich Neuenschwander-Stiftung in Bern
für den grosszügigen Druckkostenzuschuss

Textnachweis:
Neue Zürcher Bibel nach der Teilausgabe: © Die Evangelien nach Matthäus,
Markus, Lukas, Johannes. Die Psalmen – Fassung 1996 – Zürich:
Verlag der Zurcher Bibel. 1996

Fotografien:
© Peter Jesse, Basel
(mit Ausnahme der Fotografien S. 7: © Karl Sochor, Visual Transfer GmbH,
Zürich und S. 109: © Foto Geiger, Flims-Waldhaus)

Buchgestaltung:
Mario Moths, Marl

Reproduktion:
Repro Marti Digital AG, visual communication, Hinterkappelen

Druck:
AZ Druck und Datentechnik GmbH, Kempten

Die Deutsche Bibliothek – Bibliographische Einheitsaufnahme

Die Deutsche Bibliothek verzeichnet diese Publikation in der
Deutschen Nationalbibliographie; detaillierte bibliographische Daten sind im
Internet über <http://dnb.ddb.de> abrufbar

ISBN 978-3-290-17264-0
2. Auflage 2009
© 2003 Theologischer Verlag Zürich

Inhalt

Die Decke der
St. Martinskirche in Zillis

Auf dem Weg zum San Bernardinopass in den Bündner Alpen, gleich nach der Viamala-Schlucht, steht die romanische Kirche St. Martin. Diese von aussen unscheinbare Kirche birgt ein einzigartiges Kunstwerk, eine einheitliche, gut erhaltene Bilderdecke mit 153 Bildtafeln. Diese mehr oder weniger quadratischen Holztafeln wurden in der ersten Hälfte des 12. Jahrhunderts von verschiedenen Künstlern nach einem einheitlichen Konzept gemalt. Hinter dem Zilliser Bildprogramm steht der Geist des Bernhard von Clairvaux (1090-1153). Bernhard war Abt und Kirchenlehrer. Seine Ansprachen zum Kirchenjahr hatten einen derartigen Erfolg, dass man ihn als «Bestsellerautor» des 12. Jahrhunderts bezeichnen kann. Durch seine Persönlichkeit, Frömmigkeit und Beredsamkeit prägte er seine Zeit, die nach ihm das «Bernhardinische Zeitalter» genannt wird. Als Auftraggeber des Zilliser Bildprogramms kommt am ehesten der damalige Bischof von Chur, Konrad von Biberegg (1122-1146) in Frage, der vom Geiste Bernhards geprägt war.

Zuerst fällt die *Struktur* der Decke auf: ein grosses *Kreuz*. Doppelte Borten heben die mittleren Bildreihen in der Vertikalen und in der Horizontalen hervor. Damit ist das Thema gegeben: Leben unter dem Kreuz. Dieses Thema wird in den einzelnen Bildzyklen entfaltet.

Auf den *Tafeln 49–146* geht es um das *Königtum Jesu* im Vergleich zu demjenigen seiner königlichen Vorfahren, der Weisen aus dem Osten und Herodes. Während sich deren Herrschaft durch Hoheit und Pracht auszeichnet, ist Jesus der demütige König mit der Dornenkrone.

Die *Tafeln 147–153* erzählen aus der Martinslegende von der beispielhaften *Nachfolge* des Zilliser Kirchenpatrons.

Auf den *Tafeln 1–48*, dem Rahmen um die Jesus- und Martinsgeschichten, wird durch allerlei ungeheuerliche Mischwesen die *Bedrohung* vor Augen geführt und durch die Gerichts- und Windengel in den Ecken bereits das endgültige Kommen von Gottes Reich angekündet. Dieser Rahmen verleiht dem Ganzen eine *eschatologische Dimension*: In ihm ist das Ende aller Zeit, das Ziel der gesamten Schöpfung mit im Blick. Alles wird relativiert, weil es vor Gott nur vorläufig ist und vergehen muss. Endgültig ist allein Gottes Reich.

Die Zilliser Decke spiegelt das mittelalterliche Weltbild wieder, wonach die Scheibe der Erde von Wasser umflossen ist. Dabei geht es weniger um Erd- und Himmelsgeographie, als um eine *Deutung* der Welt, um den Sinn des menschlichen Lebens: Wohl ist alles vom bedroh-

lichen Meer voller Ungeheuer umflossen, doch diese werden durch die Engel in Schach gehalten. Und das Kreuz verleiht der Welt Ordnung und Struktur, seine Arme reichen über die Welt hinaus in die Unwelt der bedrohlichen Fabelwesen. Das Kreuz hält alles zusammen. Das Bedrohliche ist allerdings nicht nur draussen am Rand gegenwärtig, es erscheint sogar in der Mitte, im Schnittpunkt der beiden Kreuzbalken: im Bild von der Versuchung Jesu durch den Teufel. Dieser, die personifizierte Bedrohung und Versuchung, erscheint auch in den Bildern von der Heilung Besessener. In biblischer Zeit stellte man sich vor, eine böse Macht könne vom Menschen Besitz ergreifen. Bei Menschen, die von Jesus geheilt werden, sind kleine schwarze Teufel gemalt, die ihre Opfer nun freigeben müssen. Das Böse – in der Gestalt des Teufels, in derjenigen des Judas und in all den Monstern am Rande – ist immer im Profil dargestellt. Das Böse dringt bis in die Mitte der Kirche, mitten ins Leben der Christen vor. Jesus und Martin sind Vorbilder, wie damit richtig umzugehen ist. Dann ist der Teufel nicht der *Fürst dieser Welt,* auch wenn er sich bei Jesu Versuchung aufführt, als könnte er alle Reiche der Welt verschenken. Dann hat nur einer das Sagen: Der König mit der Dornenkrone.

In den Darstellungen der Jesusgeschichten ist weder ein Kreuzigungsnoch ein Osterbild zu finden. Trotzdem ist das Kreuz allgegenwärtig. Ein Osterbild müsste den triumphierenden Christus in seiner Herrlichkeit zeigen. Bereits die Auswahl der in Zillis dargestellten Geschichten zeigt, dass es dem Schöpfer des Bilderzyklus auf den demütigen Christus, auf den König in Niedrigkeit ankommt. In seinem leider vergriffenen Buch «Zillis Evangelium in Bildern» (TVZ 1994) hat Huldrych Blanke gezeigt, dass das Konzept der Zilliser Deckengemälde der Theologie Bernhards von Clairvaux (1090–1153) entspricht. Das Bild von Jesu Dornenkrönung, in dem die Jesusgeschichten der Zilliser Decke ihren eindrücklichen Abschluss finden, erweist sich als Lieblingsmetapher in den frühen Predigten Bernhards.

Bernhards Theologie mutet erstaunlich modern an. Sie ist keine Theologie des Dogmas, sondern eine Theologie der Erfahrung. Für Bernhard ist die zentrale Botschaft des Evangeliums diejenige von Krippe und Kreuz. Er wird nicht müde, zu betonen: Gott ist Liebe. Dass Ostern im Zilliser Bildzyklus nicht abgebildet werden kann und soll, hat seinen Grund in Bernhards Theologie: Im irdischen Leben begegnet Christus als königlicher Knecht. Nur wer ihm demütig nachfolgt, mag vielleicht etwas von den Erfahrungen des Auferstehungslebens erahnen. Nur zu den Mönchen sprach Bernhard andeutungsweise von Auferstehungserfahrungen. Er tat dies aus erzieherischen Gründen. Reden von Auferstehungserfahrungen könnte von der eigentlichen Aufgabe der Christen ablenken, dem armen, irdischen Christus nachzufolgen.

1	2	3	4	5	6	7	8	9
48	49	50	51	52	53	54	55	10
47	56	57	58	59	60	61	62	11
46	63	64	65	66	67	68	69	12
45	70	71	72	73	74	75	76	13
44	77	78	79	80	81	82	83	14
43	84	85	86	87	88	89	90	15
42	91	92	93	94	95	96	97	16
41	98	99	100	101	102	103	104	17
40	105	106	107	108	109	110	111	18
39	112	113	114	115	116	117	118	19
38	119	120	121	122	123	124	125	20
37	126	127	128	129	130	131	132	21
36	133	134	135	136	137	138	139	22
35	140	141	142	143	144	145	146	23
34	147	148	149	150	151	152	153	24
33	32	31	30	29	28	27	26	25

Drei königliche Vorfahren Jesu

Tafeln: 50, 51

David, Salomo und Rehabeam, drei königliche Vorfahren Jesu, sitzen auf ihren Thronen. David und seine Nachkommen spielen in der jüdischen Tradition eine wichtige Rolle: Der Messias wird aus dem Geschlecht Davids erwartet. Josef ist ein direkter Nachkomme von König David – der Stammbaum geht offenbar davon aus, dass Jesus Josefs leiblicher Sohn ist. Wer im Matthäusevangelium weiter liest, merkt allerdings bald, dass Matthäus eigentlich etwas anderes sagen will: Für ihn ist Jesus *Gottes* Sohn, und dies steht für ihn im Widerspruch dazu, dass Jesus wirklich der Sohn Josefs ist (1,18). Gerade der Stammbaum zeigt, dass dies nicht immer und von allen als Widerspruch empfunden worden ist. Genauso wie die Geschichte von Jesu Zeugung durch den heiligen Geist will auch der Stammbaum unterstreichen, dass Jesus der verheissene und sehnlichst erwartete Messias ist. «Messias» bedeutet «der Gesalbte», ein Königstitel, da Könige bei ihrer Amtseinsetzung gesalbt wurden. «Christos» ist die griechische Übersetzung des aramäischen «Maschiach». Jesus stammt nicht nur von Königen ab, er ist selber König. Die Jesusbilder in Zillis enden mit einem Königsbild (146): Jesus bekommt die Dornenkrone aufgesetzt, mit der er verspottet werden soll. Seine königlichen Vorfahren sitzen, sie thronen und regieren. Jesus steht. Er wird aufstehen, auferstehen. Sie halten als Attribut das Beschneidungsmesser in der Hand, als Zeichen des alten Bundes. Er hält in seiner Rechten das Schilfrohr, das ihm anstelle eines Szepters gegeben worden war. Behutsam hält er es in der Hand, versteht er sich doch als der, welcher *glimmenden Docht nicht auslöscht und geknicktes Rohr nicht zerbricht* (Jes 42,3). Der Maler hat bewusst die Jesusgeschichte mit Königsdarstellungen eingerahmt. Damit stellt er Jesus seinen Vorfahren gegenüber, um so sein ganz besonderes Königtum hervorzuheben. Später im Zilliser Bildzyklus trifft man auf weitere Könige: die drei Weisen aus dem Morgenland und Herodes. – David, Salomo und Rehabeam unterscheiden sich wohl in der Frisur voneinander, doch sie alle sitzen auf demselben Kissen auf dem Thron der Davididen. Rehabeam scheint es nicht mehr ganz so geruhsam zu haben wie vor ihm sein Vater Salomo oder der Grossvater David: Er muss sein Reich gegen Jerobeam verteidigen, den König des Nordreichs (1. Kön 14,30). Darum zeichnete ihn der Maler mit zwei Schilden und einem Befestigungsturm. Jesu Königtum ist anders. Jesus ist Gottes Sohn, denn er lebt ganz Gottes Willen: Er gehört so eng zu Gott wie ein Sohn zum Vater. In Jesu Muttersprache und in der Sprache des Alten Testaments hat «Sohn» genau diese Bedeutung. Jesus thront nicht, er ist ein demütiger, dienender König. – Die drei königlichen Vorfahren haben alle den Zeigfinger der rechten Hand ausgestreckt, als wollten sie auf den Grösseren hindeuten.

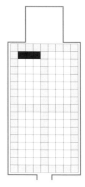

Tafel: 49

Stammbaum Jesu Christi, des Sohnes Davids, des Sohnes Abrahams. Abraham zeugte Isaak, Isaak zeugte Jakob, Jakob zeugte Juda und seine Brüder. Juda zeugte Perez und Serach mit Tamar, Perez zeugte Hezron, Hezron zeugte Ram, Ram zeugte Amminadab, Amminadab zeugte Nachschon, Nachschon zeugte Salmon, Salmon zeugte Boas mit Rahab, Boas zeugte Obed mit Rut, Obed zeugte Isai, Isai zeugte den König David. David zeugte Salomo mit der Frau des Urija, Salomo zeugte Rehabeam, Rehabeam zeugte Abija, Abija zeugte Asaf, Asaf zeugte Joschafat, Joschafat zeugte Joram, Joram zeugte Usija, Usija zeugte Jotam, Jotam zeugte Ahas, Ahas zeugte Hiskija, Hiskija zeugte Manasse, Manasse zeugte Amon, Amon zeugte Joschija, Joschija zeugte Jechonja und seine Brüder zur Zeit der babylonischen Verbannung. Nach der babylonischen Verbannung zeugte Jechonja Schealtiel, Schealtiel zeugte Serubbabel, Serubbabel zeugte Abihud, Abihud zeugte Eljakim, Eljakim zeugte Azor, Azor zeugte Zadok, Zadok zeugte Achim, Achim zeugte Eliud, Eliud zeugte Eleasar, Eleasar zeugte Mattan, Mattan zeugte Jakob, Jakob zeugte Josef, den Mann Marias; von ihr wurde Jesus geboren, welcher der Christus genannt wird.

Evangelium nach Matthäus, 1,1-16

Zwei Mägde: Synagoge und Kirche

Die beiden Gestalten der Bilder 52 und 53 gleichen stark der Magd Marias (Tafeln 55 und 61) und der Samariterin (Tafel 116), die am Brunnen in Jesus den Messias erkennt. Es muss sich also wohl um Mägde handeln. Doch wo in den Jesus-Geschichten der Evangelien kämen solche vor? – Vor 1938 waren die beiden Bilder links und rechts von jenem des Besuchs der Maria bei Elisabeth angeordnet. Bei verschiedenen Dachreparaturen scheinen die Bilder durcheinandergeraten zu sein. Beschädigte Tafeln wurden durch solche mit Blumenmotiven ersetzt. Erst 1940 wurde die Decke restauriert und die Tafeln neu geordnet. Die Mägde scheinen aus einer Art Palast heraus zu treten, ähnlich denjenigen, die hinter den königlichen Vorfahren Jesu zu sehen sind. Auf der Tafel, welche die Verkündigung zeigt, hat Maria eine Magd, und Elisabeth wird wohl auch eine gehabt haben. Dass der Maler allerdings diesen Mägden gleich zwei Bilder gewidmet haben sollte, wo doch die drei königlichen Weisen ganz ohne Gefolge erscheinen, ist eher unwahrscheinlich. Auch die heutige Anordnung dieser beiden Mägde-Bilder scheint eine andere Erklärung nahe zu legen: Sie könnten Personifizierungen der Synagoge und der Kirche, des Judentums und des Christentums, des Alten und des Neuen Testamentes sein. Die weitgehende Ähnlichkeit und Symmetrie der beiden Darstellungen fällt auf. Gleichwertig stehen Synagoge und Kirche einander gegenüber. Ja, sie gehen auf einander zu! Sie sind als Mägde dargestellt. Der Maler will damit betonen: Die Kirche ist eine Magd. Kirche im Sinne Jesu kann nicht herrschen, sie muss dienen, genau wie Jesus. Kirche im Sinne Jesu ist eine demütige Kirche in Knechtsgestalt, genau wie ihr Meister ein König in Knechtsgestalt ist. Kirche ist Dienerin Christi. Sie ist nicht um ihrer selbst willen da, sie hat auf ihn hinzuweisen und hinzuführen. Sie hat zu überzeugen durch das, was sie tut und ist, nicht durch die Macht, die sie ausübt. Darum erscheint sie in der Gestalt einer Magd. Ob wohl der Auftraggeber des Bildprogramms mit dieser Darstellung der Kirche seiner Zeit einen feinen Wink geben wollte? Kirchen stehen zu allen Zeiten in der Gefahr, sich in eine Geschäftigkeit hineinzusteigern und nach Macht zu streben, die Jesu Botschaft und damit ihrem Wesen nicht entspricht.

Die beiden Mägde, Synagoge und Kirche, gehen auf einander zu: Alter und Neuer Bund, Altes und Neues Testament sind nicht Gegensätze, sondern gehören zusammen. Jesus war ein Jude und hat aus den Traditionen des Alten Testaments gelebt. Er hat keine neue Religion gestiftet; das Christentum hat sich erst später vom Judentum getrennt. Christen tun gut daran, ihre jüdischen Wurzeln nicht zu verleugnen. Die verhängnisvolle Gegenüberstellung beginnt bereits im Johannesevangelium, wenn dort mit «die Juden» Jesu Gegner bezeichnet werden.

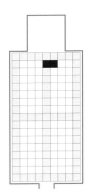

Tafel: 53

Marias Berufung

Tafel: 54

Marias Sitz ist ein Thron wie derjenige der Könige David, Salomo und Rehabeam. Nach einer Legende wurde Maria ausgelost, um für den Tempelvorhang Purpur und Scharlach zu weben. Die Spindel in ihrer Hand zeigt, dass sie eben dabei ist, den Faden zu spinnen. Ihre Magd färbt die gesponnene Wolle. Der Vorhang, den Maria anfertigen darf, wird beim Tode Jesu zerrissen (Mark 15,38). – Jetzt ist sie erschrocken aufgestanden, denn der Engel Gabriel steht vor ihr und bringt ihr eine Botschaft von Gott.

Engel werden meistens mit Flügeln gemalt. Wer die biblischen Geschichten aufmerksam liest, merkt allerdings bald, dass Engel nicht immer geflügelt zu den Menschen kommen: In Jakobs Traum (1. Mos 28) brauchen sie eine Leiter um auf- und niederzusteigen; jene, die Abraham besuchen (1. Mos 18), kommen als ganz gewöhnliche Wanderer zu ihm. Der Hebräerbrief behauptet sogar, es hätten schon manche Engel beherbergt, ohne es zu merken, weil sie gastfreundlich gewesen seien (13,2). Das deutsche Wort «Engel» kommt aus dem Griechischen: Es bedeutet einfach «Bote». In der Bibel ist oft von solchen «Engeln» oder eben «Boten des Herrn» die Rede. Nur in wenigen Fällen wird auch die äussere Erscheinung der Engel beschrieben (so z.B. in Jes 6 und Ez 1). Manchmal wird von einem hellen Licht erzählt. Das Aussehen eines Engels ist unwichtig, wichtig ist allein seine *Funktion*, Bote Gottes zu sein.

Der Maler hat Gabriel durch drei Besonderheiten gekennzeichnet: Durch den Lichtstrahl, der aus seiner rechten Hand zu Maria kommt, durch das Zweiglein in der Linken, wohl eine Andeutung des Lebensbaums, und durch das doppelstöckig aufgeblasene Gewand. Er verheisst Maria, dass sie die Mutter des Messias werden soll. Jeder regierende König bei den Israeliten war ein Gesalbter, ein «Messias/Christus». Zur Zeit Marias hatte Israel seine politische Selbständigkeit verloren und konnte nur noch von einem König träumen. Von diesem Gesalbten, dem Messias, wird nun Erlösung auf der ganzen Linie erwartet. Dass der König auch Gottes Sohn ist, weiss man seit König Salomo (2. Sam 7,14; Ps 2,7; vgl. auch Ps 45,7). Aus dem, was der Engel sagt, ist leicht herauszuhören, dass es sich um einen besonderen König handelt. – Maria ist verwirrt. Sie ist ja noch nicht einmal schwanger. Die Antwort des Engels ist poetisch-bildhaft: *Heiliger Geist wird über dich kommen und Kraft des Höchsten wird dich überschatten, darum wird auch das Heilige, das gezeugt wird, Sohn Gottes genannt werden.* An all die Irritationen und theologischen Spitzfindigkeiten zur Erklärung der Jungfrauengeburt denkt hier noch niemand. Marias Kind soll ein Geschenk Gottes sein, nicht nur für Maria, sondern für das ganze Volk.

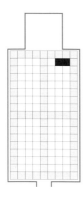

Tafel: 55

Im sechsten Monat aber wurde der Engel Gabriel von Gott in eine Stadt in Galiläa mit Namen Nazaret gesandt, zu einer Jungfrau, die verlobt war mit einem Mann, der Josef hiess, aus dem Hause Davids; und der Name der Jungfrau war Maria. Und er trat bei ihr ein und sprach: Sei gegrüsst, du Begnadete, der Herr ist mit dir! Sie aber war sehr verwirrt durch dieses Wort und sann darüber nach, was für ein Gruss das sei. Und der Engel sprach zu ihr: Fürchte dich nicht, Maria, denn du hast Gnade gefunden bei Gott. Und siehe, du wirst schwanger werden und einen Sohn gebären, und du sollst ihm den Namen Jesus geben. Dieser wird gross sein und Sohn des Höchsten genannt werden, und Gott, der Herr, wird ihm den Thron seines Vaters David geben, und er wird König sein über das Haus Jakob in Ewigkeit, und seine Herrschaft wird kein Ende

haben. Da sprach Maria zu dem Engel: Wie soll das geschehen, da ich doch von keinem Manne weiss? Und der Engel antwortete ihr: Heiliger Geist wird über dich kommen, und Kraft des Höchsten wird dich überschatten. Darum wird auch das Heilige, das gezeugt wird, Sohn Gottes genannt werden. Und siehe, Elisabet, deine Verwandte, auch sie hat einen Sohn empfangen in ihrem Alter; und dies ist der sechste Monat für sie, die als unfruchtbar galt. Denn von Gott her ist kein Ding unmöglich. Da sagte Maria: Siehe, des Herrn Magd; mir geschehe, wie du gesagt hast! Und der Engel verliess sie.

Evangelium nach Lukas, 1,26-38

Josefs Berufung

Im Matthäusevangelium ist ein anderer Anfang der Geschichte Jesu zu lesen als im Lukasevangelium. Matthäus erzählt viel von Josef und betont ausdrücklich, dass er nicht der leibliche Vater Jesu sei. Die beiden Tafeln 56 und 57 zeigen seine Berufung. Im ersten Bild versucht Josef zu schlafen. Doch er wälzt Probleme. Er kämpft mit sich selbst: Soll er sich von Maria trennen? – Josef wird als «gerecht» geschildert, als einer, der sich an Gott orientiert. Deshalb möchte er seine Verlobte nicht blossstellen. Doch wie soll er sich verhalten? Da erscheint ihm ein Engel und fordert ihn auf, Maria zu sich zu nehmen, und verrät ihm auch, was es mit ihrem Kind auf sich hat. – Josef protestiert nicht, fragt nicht, sondern tut einfach, was der Engel ihm im Namen Gottes aufgetragen hat. Er reagiert genau gleich wie Maria: *Siehe, des Herrn Magd; mir geschehe, wie du gesagt hast.* Wie stark sich Maria und Josef in ihrer demütigen Haltung gegenüber Gottes Willen gleichen, kommt auch auf den Tafeln 55 und 56 zum Ausdruck: Betrachtet man sie nebeneinander – die heutige Anordnung an der Decke hat sie zwar auf verschiedene Zeilen verteilt –, so fällt auf, dass Maria und Josef je unter einem Gebäudebogen dargestellt sind; sie könnten schon jetzt im selben Hause sein. Sie gehören ganz offensichtlich zusammen. Noch etwas springt ins Auge: Die beiden sind von zwei Engeln eingerahmt, umschlossen von Gottes Willen. Gott vertraut den beiden seinen Sohn an. Ein Kind ist nie einfach Eigentum seiner Eltern. Hier ist dies besonders deutlich: Jesus ist Maria und Josef anvertraut, damit sie ihn auf seinem Weg begleiten. Er selber wird sie als Zwölfjähriger im Tempel daran erinnern (Tafeln 92 und 93).

Im Gegensatz zu späteren Bildern ist Josef ohne Nimbus gemalt. Er muss ihn sich gleichsam «verdienen», indem er seinen Auftrag annimmt und seiner Berufung folgt.

Dass Josef genauso oft dargestellt ist wie Maria, ist an der Zilliser Decke einmalig. Andernorts steht Josef mehr im Hintergrund. Oft hat man ihm sogar einen Judenhut aufgesetzt und ihn damit als nicht ganz dazugehörig gekennzeichnet. Die Bedeutung, die Josef in Zillis geniesst, ist noch grösser als im Matthäusevangelium, wo seiner Geschichte breiter Raum gewährt wird. Auch das geht wohl auf den geistigen Einfluss Bernhards von Clairvaux zurück, der die Aufmerksamkeit wieder auf Josef als exemplarische Gestalt der Demut gelenkt hat. Bernhard deutet Josefs Zweifel nicht als Zweifel an Maria, sondern als Selbstzweifel: Josef hält sich für unwürdig, der Vater von Gottes Sohn zu sein, und will sich deshalb von ihr trennen. Bereits bei Jesu Eltern zeigt sich das hervorstechendste Merkmal Jesu: Demut.

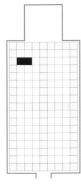

Tafel: 56

Mit der Geburt Jesu Christi aber verhielt es sich so: Maria, seine Mutter, war mit Josef verlobt; noch bevor sie zusammengekommen waren, zeigte es sich, dass sie schwanger war vom Heiligen Geist. Josef aber, ihr Mann, der gerecht war und sie nicht blossstellen wollte, erwog, sie in aller Stille zu entlassen. Während er noch darüber nachdachte, siehe, da erschien ihm ein Engel des Herrn im Traum und sprach: Josef, Sohn Davids, fürchte dich nicht, Maria, deine Frau, zu dir zu nehmen, denn was sie empfangen hat, ist vom Heiligen Geist. Sie wird einen Sohn gebären, und du sollst ihm den Namen Jesus geben, denn er wird sein Volk von ihren Sünden retten. Dies alles ist geschehen, damit erfüllt werde, was vom Herrn durch den Propheten gesagt ist: *Siehe, die Jungfrau wird schwanger werden und einen Sohn gebären, und man wird ihm den Namen Immanuel geben*, das heisst übersetzt «Gott mit uns». Als Josef vom Schlaf erwachte, tat er, wie der Engel des Herrn ihm befohlen hatte, und nahm seine Frau zu sich. Er erkannte sie aber nicht, bis sie einen Sohn geboren hatte; und er gab ihm den Namen Jesus.
Evangelium nach Matthäus, 1,18-25

Marias Besuch bei Elisabet

Tafel 58 zeigt die Mütter von Johannes dem Täufer und Jesus in inniger Umarmung. Ein Bild dafür, dass auch ihre Söhne untrennbar zusammengehören. In beiden Frauen entsteht ein Kind. Ein guter Anlass, über das menschliche Leben nachzudenken, über Gross und Klein, Hoch und Niedrig. Zunächst spielt Maria auf ihre eigene Niedrigkeit an. Sie wundert sich, dass Gott ausgerechnet sie dazu auserwählt hat, den Messias zur Welt zu bringen. Das Thema Niedrigkeit scheint später wieder auf, wo der König als König in Knechtsgestalt gezeigt wird. Auch Jesus wird sich der Niedrigen annehmen: der Besessenen, der Behinderten, der Ausländerinnen, der Kinder. Maria formuliert es schon vor seiner Geburt: Gott erniedrigt die Hochmütigen und nimmt den Mächtigen ihre Macht. Die Niedrigen erhöht er, Hungrige speist er. Es geht hier nicht nur um den Hunger des Leibes, sondern auch um den der Seele. Er schenkt Hungrigen erfülltes Leben. Reiche hingegen gehen leer aus. Sie meinen, sie hätten alles, sind selbstzufrieden und darum nicht mehr offen, etwas Neues zu empfangen. Reichtum kann ihnen die Sicht verstellen (vgl. Tafel 130–132)

Was Maria da sagt, stellt alles auf den Kopf: Normalerweise sind es doch die Hochmütigen und die Mächtigen, die obenauf sind, während die Niedrigen und Hungrigen selber schauen müssen, wo sie bleiben. Doch Marias Worte sind keine Utopie, sie entsprechen den Erwartungen an den Messias, wie sie etwa in Jesaja 61,1f. ausgedrückt sind: *Den Elenden bringt er gute Nachricht, gebrochene Herzen heilt er, Gefangene befreit er, die Fesseln der Gebundenen löst er.* Der Messias wird sich derer annehmen, für die bisher niemand eingetreten ist. Er richtet jene auf, die nichts gelten, jene, die sich selber aufgegeben haben. Er wird keinen Menschen als hoffnungslosen Fall abschreiben. Er muss so handeln, denn Gottes Liebe und Gnade gilt den Niedrigen. Er selber wird einer der Ihren sein. Die Zilliser Bilder zeigen ihn vordergründig nur in seiner Knechtsgestalt, als Diener aller (vgl. Tafel 146). Bei genauerem Hinsehen zeigt es sich allerdings, dass gerade der verspottete König mit der Dornenkrone seine königliche Würde hat. Gott hat den Niedrigen erhöht.

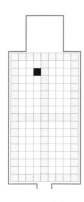

Tafel: 58

Maria aber machte sich auf in diesen Tagen und ging eilends ins Bergland in eine Stadt in Juda; und sie trat in das Haus des Zacharias ein und grüsste Elisabet. Und es geschah, als Elisabet den Gruss Marias vernahm, da hüpfte das Kind in ihrem Leib; und Elisabet wurde mit heiligem Geist erfüllt und rief mit lauter Stimme: Gesegnet bist du unter den Frauen, und gesegnet ist die Frucht deines Leibes! Wie geschieht mir, dass die Mutter meines Herrn zu mir kommt? Denn siehe, als der Klang deines Grusses an mein Ohr drang, hüpfte das Kind vor Freude in meinem Leib. Und selig, die geglaubt hat, dass in Erfüllung geht, was ihr vom Herrn gesagt ist. Und Maria sprach: Meine Seele erhebt den Herrn, und mein Geist jubelt über Gott, meinen Retter: Er hat die Niedrigkeit seiner Magd angesehen. Denn siehe, von nun an werden mich selig preisen alle Geschlechter, denn Grosses hat der Mächtige an mir getan. Und heilig ist sein Name, und von Geschlecht zu Geschlecht wird sein Erbarmen denen zuteil, die ihn fürchten. Er hat Gewaltiges vollbracht mit seinem Arm, zerstreut hat er, die hochmütig gesinnt sind im Herzen, Mächtige hat er vom Thron gestürzt und Niedrige erhöht, Hungrige hat er gesättigt mit Gutem, und Reiche hat er leer ausgehen lassen. Er hat sich Israels, seines Knechtes, angenommen, und seines Erbarmens gedacht, wie er geredet hat zu unseren Vätern, zu Abraham und seinen Nachkommen in Ewigkeit. Maria aber blieb etwa drei Monate bei ihr und kehrte dann nach Hause zurück.

Evangelium nach Lukas, 1,39-56

Gottes Engel kommt zu denen, die nichts erwarten

Den besten Ruf haben sie nicht, die Hirten. Unstet, bald hier bald dort, können ihnen die Bewohner der Dörfer und Städte manches in die Schuhe schieben, für das sie sonst keine Schuldigen finden. Wenn etwas verschwunden ist, haben es die Hirten mitlaufen lassen. Sie sind verachtet und haben sich damit abgefunden. Die Zeit, da David, einer der ihren, König geworden war, ist längst vorbei… Im Bild ist einer von ihnen dargestellt. Er muss wach bleiben und seine Schafe vor Wölfen, Bären und Löwen beschützen. Er scheint vor sich hin zu dösen, in die Nacht hinauszuhorchen. Gelangweilt hängt er in seinem Hirtenstock. Es ist wie jede Nacht: dunkel und eintönig, und so ist auch sein Leben als Hirt: Oft fühlt er sich von Gott und der Welt verlassen; niemand erwartet etwas Gutes von ihm, und er erwartet auch nichts mehr. Da kommt plötzlich etwas Neues, Unerwartetes in sein Leben: Es wird hell. In ihm und um ihn herum. Es ist als übergösse ihn der Engel mit Licht, mit neuem Leben: Wie schon bei der Begegnung mit Maria und Josef hält er das Zweiglein in der Rechten. Der Engel kommt aus einer Art Sonne heraus, aus göttlichem Licht, das auf Tafel 60 über der Krippe strahlt. Dieses Licht geht gleichsam durch den Engel hindurch; er gibt es dem Hirten weiter und lässt diesen alles in einem neuen Lichte sehen. Der Engel hat die Neugierde des Hirten geweckt: Ein Retter, auch für uns Hirten? Das klingt so verheissungsvoll, dass er gar nicht anders kann, als sich auf den Weg zu machen. Er erwartet wieder etwas von Gott und auch von seinem Leben. So geht er mit seinen Kollegen auf den Weg.

Äusserlich betrachtet sehen die Hirten nicht viel: Einen Mann und eine Frau in einem Hirtenunterstand, vielleicht in einer Höhle, die ihr Neugeborenes in eine Futterkrippe legen mussten, weil sie sonst nirgends untergekommen waren. Ein eher armseliges Bild. Doch es ist die Welt der Hirten! Sie erleben den Retter als einen, der ihre Lebensbedingungen kennt und teilt. Das macht ihn für sie vertrauenswürdig. Zwar ist der Retter erst geboren. Das scheint die Hirten jedoch nicht zu irritieren. Er wird wachsen und gross werden. Sie freuen sich und sind dankbar, dass sie ihn sehen durften.

Im Bild fällt eine gewisse Symmetrie auf: Von links kommt Gottes Bote, rechts steigt ein Ziegenbock empor und frisst eine Pflanze ab. Das Bild vom Laub knabbernden Ziegenbock ist alt und beliebt. Hier scheint es einen besondern Sinn zu haben: Betont ist der Bock dem Engel gegenübergestellt. Aus der Bibel kennt man ihn als Verkörperung des Bösen, der den Schafen gegenüber steht, die das Gute vertreten. Der Maler will ausdrücken, dass vom Himmel her das Heil hereinbricht und das Böse vertreibt.

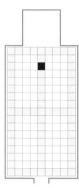

Tafel: 59

Und Hirten waren in jener Gegend auf freiem Feld und hielten Wache in der Nacht bei ihrer Herde. Und ein Engel des Herrn trat zu ihnen, und der Glanz des Herrn umleuchtete sie, und grosse Furcht kam über sie. Da sprach der Engel zu ihnen: Fürchtet euch nicht! Denn siehe, ich verkündige euch grosse Freude, die dem ganzen Volk zuteil werden wird: Euch wurde heute der Retter geboren, welcher ist Christus, der Herr, in der Stadt Davids. Und dies sei euch das Zeichen: Ihr werdet ein neugeborenes Kind finden, das in Windeln gewickelt ist und in einer Futterkrippe liegt. Und auf einmal war bei dem Engel die Menge der himmlischen Heerscharen, die Gott lobten und sprachen: Ehre sei Gott in der Höhe und Friede auf Erden unter den Menschen seines Wohlgefallens.

Evangelium nach Lukas, 2,8-14

Der Retter im Futtertrog

Tafeln: 61, 62

Auf kaum einem Weihnachtsbild fehlen Ochs und Esel an der Krippe. Dennoch sucht man sie im Bibeltext vergebens! Erst Pseudo-Matthäus, eine mittelalterliche Nacherzählung des Matthäusevangeliums, stellt sie an die Krippe und verweist dabei auf Jes 1,3: *Der Ochse kennt seinen Meister und der Esel die Krippe seines Herrn; Israel hat keine Einsicht, mein Volk hat keinen Verstand.* Die Tiere freuen sich ganz offensichtlich über die Geburt des Erlösers. Vorbildhaft für die Menschen stehen sie an der Krippe, als Anfrage an die Betrachter: Kennst du die Krippe deines Herrn? Der Maler widmet Ochs und Esel an der Krippe eine eigene Tafel. Will er darauf hinweisen, dass sich Gott auch ihnen zuwendet? Legenden, die davon erzählen, dass die Tiere am heiligen Abend in der Geburtsstunde Jesu reden können, deuten in dieselbe Richtung. Bereits beim Bund, den Gott mit den Überlebenden der Sintflut schliesst, sind auch die Tiere eingeschlossen (1 Mos 9,10).

Die Krippe sieht aus wie eine Kiste, genau gleich ist auf Tafel 115 das Grab (der Sarg) des Lazarus gemalt. Der neugeborene Jesus und der gestorbene Lazarus sind zudem auch auf gleiche Weise eingewickelt. Von allem Anfang an wird klargestellt, dass dieser Retter sterben muss. Er wird nie ein König sein wie David, der seine Feinde tötet; er lässt sich töten. Über der Krippe erscheint göttliches Licht in den Farben rot und blau. Dieselben Farben finden sich im Nimbus des Kindes wieder: Das Kreuz ist blau, der Hintergrund rot. Auch damit ist der Weg dieses Kindes angedeutet.

Eine Magd reicht Maria Speise. Das Protevangelium Jacobi, ein ausserbiblisches Evangelium aus dem 2. Jh., und Pseudo-Matthäus erzählen von Hebammen, die nach der Geburt Jesu Marias Jungfräulichkeit überprüfen. Ähnlich wie in Zillis ist auch auf einem Bild in der Burgkapelle von Hocheppan (1150/1180) im Südtirol eine Magd dargestellt, die für Maria Knödel zuzubereiten und sie gerade vorkostet.

Josef thront hier wie seine königlichen Vorfahren. Wie sie hält er das Beschneidungsmesser in der Hand. Er hat es allerdings in der Rechten. Seine Linke hält einen Gegenstand, der immer wieder zum Rätseln Anlass gegeben hat. Vielleicht ist es der Stab, von dem eine alte Legende erzählt: Weil nur ein Nachkomme Davids Maria heiraten durfte, mussten alle ledigen Männer aus dem Stamm Juda einen Stab in den Tempel bringen. Diese Stäbe wurden ins Allerheiligste gelegt. Als man nachschaute, war es Josefs Stab, der Knospen getrieben hatte und sogar blühte (vgl. 4. Mos 17).

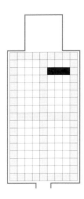

Tafel: 60

Es geschah aber in jenen Tagen, da ging ein Erlass aus vom Kaiser Augustus, alle Welt solle sich in Steuerlisten eintragen lassen. Dies war die erste Erhebung; sie wurde durchgeführt, als Quirinius Statthalter in Syrien war. Und alle machten sich auf den Weg, um sich eintragen zu lassen, jeder in seine Heimatstadt. Und auch Josef ging von Galiläa aus der Stadt Nazaret nach Judäa hinauf in die Stadt Davids, die Betlehem heisst, weil er aus dem Hause und Geschlecht Davids stammte, um sich eintragen zu lassen mit Maria, seiner Verlobten, die schwanger war. Und es geschah, während sie dort waren, da kam die Zeit, da sie gebären sollte. Und sie gebar ihren ersten Sohn und wickelte ihn in Windeln und legte ihn in eine Futterkrippe, denn in der Herberge war kein Platz für sie.

Evangelium nach Lukas, 2,1-7

Tafeln: 64, 65, 66

Weise aus dem Morgenland folgen ihrem Stern

Als Könige hoch zu Ross sind sie dargestellt. Demgegenüber erzählt das Matthäusevangelium von Weisen aus dem Morgenland. Wenn sie einem Stern folgen, müssen sie wohl Astrologen gewesen sein. Astronomie und Astrologie gehörten damals noch untrennbar zusammen. Sternbeobachtung ging Hand in Hand mit der Überzeugung, dass die Ereignisse am Himmel in denjenigen auf der Erde eine Entsprechung hätten. Auch die Erzählungen von der Verfinsterung der Sonne bei Jesu Tod rechnen mit einer derartigen Entsprechung. – Wie sind aus den Weisen des Matthäusevangeliums drei Könige geworden? Wahrscheinlich haben die drei königlichen Geschenke, Gold, Weihrauch und Myrrhe, dazu geführt, dass man in den Weisen drei Könige sah. – Die Bibel erzählt, dass die Weisen einem Stern folgten. Tafel 63 zeigt allerdings einen Engel! Schon früh haben Menschen darüber nachgedacht, welcher Art der Stern der Weisen wohl gewesen sei. Noch heute wird immer wieder versucht, den Stern von Bethlehem in Planetarien nachzustellen, z.B. als Konjunktion von Jupiter und Saturn. Sind nicht die Alten der Wahrheit näher gekommen, wenn sie den Stern, wie es der Maler von Zillis tut, als Engel deuteten? Anders als ein Stern kann ein Engel tatsächlich vorangehen und stillstehen. Den Stern muss man wohl nicht nur am Himmel suchen. Die Weisen haben ihn zwar dort gesehen, doch Herodes und die Leute in Jerusalem scheinen vom Stern nichts gemerkt zu haben. Sie werden ja erst durch die fragenden Weisen darauf aufmerksam gemacht, dass der Messias geboren sei.

Dem Auftraggeber von Zillis sind diese Könige wichtig: 15 Tafeln widmet er ihnen. Auch ihre Pferde haben für ihn eine besondere Bedeutung; auf acht Tafeln sind sie zu sehen. Der Gegensatz zum König auf dem geliehenen Esel wird deutlich, aber auch, dass die Könige hoch zu Ross nur gekommen sind, um sich dem König Jesus zu unterwerfen. Es ist wenig, was sie von ihm wissen, und er ist noch ein Kind, aber sie scheinen zu spüren, wie wichtig er ist. Sie scheuen vor nichts zurück, unternehmen eine lange, weite Reise, nur um ihm zu huldigen. Sie haben Gottes Zeichen gesehen und lassen sich davon auf den Weg locken. Hinter den reitenden Königen ist je ein Baum mit drei Blättern zu sehen, genau wie der Zweig in der Hand des Engels. Es ist der Lebensbaum: Ihr Weg führt zum Leben.

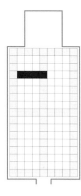

Tafel: 63

Als Jesus in Betlehem in Judäa zur Zeit des Königs Herodes geboren worden war, siehe, da kamen Sterndeuter aus dem Morgenland nach Jerusalem und fragten: Wo ist der neugeborene König der Juden? Denn wir haben seinen Stern aufgehen sehen und sind gekommen, ihm zu huldigen.

Evangelium nach Matthäus, 2,1-2

Ein König zittert um seine Macht

Tafeln: 67, 68

Herodes thront, er ist dem Betrachter frontal zugewandt. Im romanischen Stil ist das ein Zeichen für die Majestät des Dargestellten. Herodes gibt sich als König, doch er hat neben den Römern nicht viel zu sagen. Die Art seines Königtums illustriert der hinter ihm stehende Höfling mit dem Schwert. Wer Herodes nicht passt, wird beseitigt. Das ist sein Regierungsstil. Vielleicht soll der Mann mit dem Schwert auch einfach die Hintergedanken des Herodes illustrieren: Angst um seine Macht. Weil er selber Angst hat, muss er anderen Angst machen und ihnen Leid zufügen. Trotzdem aber wird seine eigene Angst nicht geringer. Die Spirale dreht sich weiter. Davon wissen die Weisen nichts. Sie erkundigen sich bei ihm und erwarten wohl, dass er sich mit ihnen über die Geburt des neuen Königs freue oder sogar mit ihnen komme, um ihm zu huldigen. Doch Herodes erschrickt und, wie Matthäus erzählt, ganz Jerusalem mit ihm. Der König fürchtet um seine Macht. Er ist alles andere als beliebt und weiss sehr genau, dass ein besserer König ihm schnell den Rang abliefe. Er hat den Ruf, ein brutaler Herrscher zu sein. Der jüdische Geschichtsschreiber Josephus will über ihn wissen, er habe angeordnet, dass bei seinem Tod in jeder Familie jemand getötet werde, damit bei seiner Bestattung auch Tränen flössen. Dass um ihn niemand weinen würde, war ihm offenbar klar. Auch wenn dies nur eine Legende ist, zeigt sie doch, was man ihm an Brutalität und Rücksichtslosigkeit zugetraut hat. Der Besuch der Weisen erschreckt deshalb selbst die Leute in Jerusalem, denn sie kennen Herodes und seine unverhältnismässigen Reaktionen.

Herodes hat den Stern nicht gesehen. Stand ihm vielleicht seine Machtgier im Weg? Hat er keine Augen für ein göttliches Zeichen? Für ihn zählt, was sich in Macht und Einfluss ummünzen lässt. Im Gegensatz zu Hirten und Weisen macht Herodes sich nicht auf den Weg. Er bleibt sitzen. Rennen und Morden lässt er andere, er thront.

Bisher waren die Weisen dem Stern gefolgt, nun bekommen sie einen andern Wegweiser: Von jetzt an folgen sie der Auskunft der Priester und Schriftgelehrten. Der hinterste König scheint noch etwas unschlüssig oder gar erschrocken, jedenfalls bleibt er stehen, der mittlere hat wohl auch noch Fragen, doch geht er bereits, der vorderste hat schon die Hände ausgebreitet, als wolle er das Kind ergreifen. Ihr Weg geht weiter.

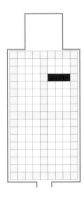

Tafel: 69

Als der König Herodes davon hörte, geriet er in Aufregung und ganz Jerusalem mit ihm. Und er liess alle Hohepriester und Schriftgelehrten des Volkes zusammenkommen und erkundigte sich bei ihnen, wo der Christus geboren werden solle. Sie antworteten ihm: In Betlehem in Judäa, denn so steht es durch den Propheten geschrieben: *Und du, Betlehem,* Land Juda, *bist nicht etwa die geringste unter den Fürstenstädten Judas; denn aus dir wird ein Fürst hervorgehen, der mein Volk Israel weiden wird.* Darauf rief Herodes die Sterndeuter heimlich zu sich und wollte von ihnen genau erfahren, wann der Stern erschienen war. Und er schickte sie nach Betlehem mit den Worten: Geht und forscht dem Kinde nach! Sobald ihr es gefunden habt, meldet es mir, damit auch ich hingehe und ihm huldige.

Evangelium nach Matthäus, 2,3-8

Die Weisen bringen Jesus Geschenke

Tafeln: 70, 71, 73,

Der Stern steht still und die Weisen aus dem Morgenland finden den neugeborenen König und seine Eltern. Ihr seltsamer Gang entspricht römischem Brauch: So wurden bereits von den Römern huldigende Barbaren dargestellt. Ihr anstrengender Kniegang ist Zeichen der Ehrerbietung gegenüber dem neuen König. Es scheint, als machten sogar ihre Pferde diesen Gang mit. Ihre Hände haben die Könige mit den Gewändern verhüllt, ein Zeichen des Respekts. Maria mit dem Kind auf dem Schoss und Josef haben sich frontal den Betrachtern zugewendet, schliesslich kommen diese genauso zu ihnen wie die Weisen. Josef scheint abzuwinken: Nicht zu mir, zu Jesus sollt ihr kommen. Auch Maria weist auf ihren Sohn Diese Darstellungsweise entspricht dem Geist Bernhards von Clairvaux: Marias Königtum ist nur relativ. Alles, was sie ist, ist sie durch ihren Sohn. Bernhard wehrt sich gegen eine dogmatische Überhöhung Marias. Jesus empfängt mit zum Segen erhobener Hand die Weisen und ihre Gaben. Der erste bringt Gold, ein wahrhaft königliches Geschenk. Der zweite schenkt Weihrauch, ein vom Weihrauchbaum gewonnenes Gummiharz, das an der Luft zu gelblichen, rötlichen oder bräunlichen, weissbestäubten, geruchlosen Körnern erstarrt. Werden diese auf glühenden Kohlen erhitzt, verströmen sie einen aromatischen Duft, dem reinigende und Böses abwehrende Wirkung zugeschrieben wurde. Häufig wurde Weihrauch den Göttern dargebracht. Der dritte bringt Myrrhe, ebenfalls ein Gummiharz. Man gewinnt es aus dem Saft der Rinde des Myrrhenstrauchs. Getrockneter Myrrhensaft wurde zum Räuchern und zu kosmetischen und medizinischen Zwecken verwendet. Auch Wein konnte man damit würzen. Solcher Wein wurde Jesus vor der Kreuzigung als Betäubungstrank gereicht (Mark 15,23). Myrrhe gemischt mit Aloe wurde zur Einbalsamierung Jesu benutzt (Joh 19,39). Wird auch damit, wie schon mit der Art der Darstellung der Futterkrippe und der Wicklung des Kindes, bereits der Bogen zu Jesu Tod geschlagen? – Das Kind Jesus hält schon die Schriftrolle in der Hand. Vielleicht sollen die Betrachter damit daran erinnert werden, dass der Weg von der Krippen-Idylle zum leidenden König weiterführen muss.

Neben Maria und dem Kind erscheint von oben eine architektonische Lilie, Zeichen des Lebens. Auch Josef hält einen kleinen Zweig in der Hand. Im Traum (Tafel 57) war der Engel mit einem ähnlichen zu ihm gekommen. Maria war der Engel ebenfalls mit einem solchen begegnet (Tafel 54). Diesmal hat der Zweig sechs Blätter. Es könnte eine Art potenzierter Lebensbaum sein. Josef braucht diese Kraft, wenn er das ihm anvertraute Kind gegen Herodes beschützen und mit ihm nach Ägypten fliehen muss.

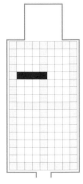

Tafel: 72

Auf das Wort des Königs hin machten sie sich auf den Weg, und siehe, der Stern, den sie hatten aufgehen sehen, zog vor ihnen her, bis er über dem Ort stehen blieb, wo das Kind war. Als sie den Stern sahen, überkam sie grosse Freude. Und sie gingen ins Haus und sahen das Kind mit Maria, seiner Mutter; da fielen sie vor ihm nieder und huldigten ihm, öffneten ihre Schatztruhen und brachten ihm Geschenke dar: Gold, Weihrauch und Myrrhe.

Evangelium nach Matthäus, 2,9-11

Der Weg geht weiter

Tafeln: 74, 75, 77

Z war sind die Weisen am Ziel: Sie sind dem neugeborenen König begegnet. Nun aber müssen sie in ihre Heimat zurückkehren. Arglos wären sie wohl bei Herodes vorbei gegangen und hätten ihm von ihrer beglückenden Begegnung erzählt. Matthäus schreibt, ein Traum habe sie angewiesen, einen andern Weg zu wählen. Tafel 74 zeigt einen Engel, der sich ihnen in den Weg stellt, und sie zur Umkehr auffordert. Auch er hält wieder das Lebenszweiglein in der Hand: Euer und des Kindes Leben hängt davon ab, nehmt einen andern Weg, scheint er zu sagen. Der Hinterste der Weisen hat bereits sein Pferd gewendet, dadurch entsteht Raum, dass auch der Mittlere wenden kann und dann folgt der Vorderste, der sein Pferd noch angehalten hat. Hinter dem ersten und dem dritten Weisen ist die Häuserkulisse von Jerusalem zu sehen, an der sie nun vorbeireiten. Ihre Grösse und Weisheit zeigt sich darin, dass sie eine einmal eingeschlagene Richtung ändern können, wenn es die Situation erfordert und Gott es verlangt. Sie lassen sich auch auf dem Heimweg leiten. – Matthäus erzählt vom Stern, der sie zu Jesus geführt hat, und dann von der Anweisung im Traum. Der Maler von Zillis hat beides durch den Engel dargestellt. «Stern» und «Engel» sind Bilder, Symbole für Gottes Welt, die in die vordergründig sichtbare hineinwirkt und Menschen hilft, ihren Weg zu finden. Wer Jesus begegnet, spürt etwas von dieser Welt. Das drückt auch der um Jesu Kopf gemalte Nimbus aus. Jesus strahlt etwas aus: Gottes Liebe, Gottes Gnade. Er nimmt Menschen an, nimmt sie ernst. Er ist darin der Befreier, dass er ihnen Leben eröffnet, erfülltes Leben, das in die Tiefe geht. Doch dazu ist es nötig, nicht nur das für die Augen Sichtbare und das für die Ohren Hörbare wahrzunehmen, sondern auch Gottes Zeichen auf dem Weg zu erkennen und sich danach zu richten. Die Weisen haben dies getan. Mit gutem Grund werden sie so genannt. Sie sind gross, weil sie sich führen lassen. Zu Recht nennt man sie oft auch «Könige». Dem Auftraggeber des Zilliser Bildprogramms sind sie das Vorbild jedes Königs, weil sie sich unbeirrt von ihrem Stern leiten und zum neugeborenen König führen lassen. Von seiner Gegenwart lassen sie sich durchdringen und treten dann, wieder unter Führung des Engels, den Heimweg an. Sie gehen zurück in ihren Alltag, erfüllt von dem Neuen, das sie erlebt haben. Genau wie die Kirchenbesucher und Betrachter der Deckenbilder von Zillis. Sie kommen und lassen sich in die Atmosphäre dieses besonderen Königs hineinnehmen, sich gleichsam von seinem Licht umleuchten wie die Hirten auf dem Feld, (Tafel 59). Sie spüren in der Begegnung mit ihm, dass sie von Gott angenommen und beschenkt sind.

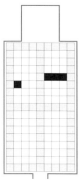

Tafel: 76

Weil aber ein Traum sie angewiesen hatte, nicht zu Herodes zurückzukehren, zogen sie auf einem anderen
Weg in ihr Land zurück.

Evangelium nach Matthäus, 2,12

Opfer?

Tafel: 78

Maria und Josef sind hier mit dem ihnen anvertrauten Kind im Tempel. Das alttestamentliche Gesetz schreibt vor, den erstgeborenen Sohn Gott zu weihen. Es entspricht biblischem Gesetz, dass die Mutter 40 Tage nach der Geburt ihres Sohns ein Reinigungsopfer bringt (3. Mos 12). Für weniger vermögende Leute sind dies zwei Tauben. Maria hält die Vögel in der Hand. Neben ihr steht eine Frau. Es kann nur die Prophetin Hanna sein. Sie ist bereits 84 Jahre alt, lebt im Tempel, d.h. ganz in Gottes Nähe. Ohne dass ihr Maria oder Josef etwas zu erklären bräuchten, weiss sie, wer Jesus ist. Sie preist Gott und erzählt allen, die auf Erlösung warten, von ihm. Längst bevor Johannes der Täufer für Jesus den Weg bereitet, tut dies die Prophetin Hanna.

In Jerusalem begegnen Josef und Maria auch Simeon. Er ist nicht mehr der Jüngste. Einzig die Hoffnung auf den Messias hält ihn noch am Leben. *Heiliger Geist ruhte auf ihm*, sagt Lukas. Simeon sieht und spürt, was von Gott kommt. Er ahnt Zusammenhänge, die sonst noch niemand sieht. Wie die Weisen hat er sich von Gott führen lassen. So ist er in den Tempel gekommen. Zwar sieht er nur einen kleinen Knaben, der zur Beschneidung in den Tempel gebracht wird. Doch Simeon weiss: Dieses Kind ist der Messias, der Hoffnungsträger. Voller Freude nimmt er den Knaben auf den Arm. Simeon weiss: Nun ist alles gut, der Retter ist da. Jetzt kann er ruhig sterben. Josef und Maria staunen, was Simeon über ihr Kind sagt: *Ein Licht zur Offenbarung für die Völker* soll es sein, ein König der ganzen Welt. Gegenüber Maria weist Simeon bereits darauf hin, dass diesem Kind Schweres bevorstehe, an dem auch sie teilhaben werde. Der Maler von Tafel 79 hat dies mit feinen Strichen angedeutet: Im Nimbus des Kindes, das Maria dem Simeon reicht, ist das Kreuz mit breiten Streifen angedeutet. Zwischen diesen ist es mit feinen Linien noch einmal gezeichnet. Jesus streckt Simeon, dem Propheten seines Leidens, freudig die Arme entgegen. Josef schaut verwundert zu und Hanna zeigt fragend auf die Tauben in Marias Hand. Der Tisch zwischen Maria und Simeon ist als Abendmahlstisch (Altar) gedeckt (vgl. Tafeln 136 und 137). Ein Kelch und ein Teller mit einer Hostie stehen darauf. Möglicherweise ist damit eine Gegenüberstellung des Alten und des Neuen Bundes beabsichtigt und jedes menschliche Opfer in Frage gestellt. Was soll ein menschliches Opfer, wo sich doch Jesus hingegeben hat. Er macht jedes menschliche Opfer überflüssig. Er zeigt den Menschen, dass sie bedingungslos von Gott angenommen sind. Hanna und Simeon haben dies bereits gespürt. Die Betrachter sind eingeladen, wie diese beiden, ganz in Gottes Nähe zu bleiben.

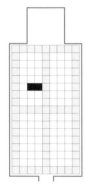

Tafel: 79

Und als die Tage vergangen waren, die vom Gesetz des Mose für ihre Reinigung vorgeschrieben sind, brachten sie ihn nach Jerusalem hinauf, um ihn dem Herrn zu weihen, wie es im Gesetz des Herrn geschrieben steht: *Alles Männliche, das den Mutterschoss öffnet, soll als dem Herrn geheiligt gelten.* Auch wollten sie Opfer darbringen nach dem, was im Gesetz des Herrn gesagt ist, *ein Paar Turteltauben oder zwei junge Tauben.* Und siehe, es gab in Jerusalem einen mit Namen Simeon, und dieser Mensch war gerecht und gottesfürchtig; er wartete auf die Tröstung Israels, und heiliger Geist ruhte auf ihm. Und ihm war vom Heiligen Geist geweissagt, er werde den Tod nicht sehen, bevor er den Gesalbten des Herrn gesehen habe. Und vom Geist geführt kam er in den Tempel. Und als die Eltern das Kind Jesus hereinbrachten, um mit ihm zu tun, was nach dem Gesetz Brauch ist, da nahm er es auf die Arme und pries Gott und sprach: Nun lässt du deinen Diener gehen, Herr, in Frieden, wie du gesagt hast, denn meine Augen haben das Rettende gesehen, das du vor

den Augen aller Völker bereitet hast, ein Licht zur Offenbarung für die Völker und zur Ehre deines Volkes Israel. Und sein Vater und seine Mutter staunten über das, was über ihn gesagt wurde. Und Simeon segnete sie und sagte zu Maria, seiner Mutter: Siehe, dieser ist bestimmt zu Fall und Aufstieg vieler in Israel und zu einem Zeichen, dem widersprochen wird – ja, auch durch deine Seele wird ein Schwert dringen –, damit die Gedanken aus vielen Herzen offenbar werden. Und da war eine Prophetin, Hanna, eine Tochter Phanuels, aus dem Stamme Asser. Diese war schon betagt. Nach ihrer Zeit als Jungfrau war sie sieben Jahre verheiratet und war danach Witwe bis zum Alter von vierundachtzig Jahren. Sie verliess den Tempel nicht, weil sie mit Fasten und Beten Gott diente Tag und Nacht. Und zur selben Stunde trat sie herzu und pries Gott und redete von ihm zu allen, die auf die Erlösung Jerusalems warteten.

Evangelium nach Lukas, 2,22-38

33

Flucht nach Ägypten

Tafeln: 80, 82, 83, 84

Wieder kommt ein Engel im Traum zu Josef. So erzählt es das Matthäusevangelium. Der Maler zeigt Josef auf seinem Lager, das allerdings eher ein Thron ist. Josef hat sich aufgerichtet, und hält die Hand ans Ohr, um besser zu hören. Hinter ihm steht der Engel. Gottes Wirklichkeit ist nicht das vordergründig Sichtbare, sondern der Hintergrund des Lebens. Da gilt es genau hinzuhören. Josef kann es, er hat damit bereits seine Erfahrungen gemacht. Vom Engel her fliesst ihm etwas zu: zuerst über den ausgestreckten Zeigefinger und dann über die Federn des Flügels. – Die beiden Josefbilder nebeneinander (Tafeln 80 und 81) zeigen, was im Leben entscheidend ist: Zuerst die Ausrichtung auf Gott – hier als Hören auf die Botschaft des Engels dargestellt – und dann erst das Handeln. Josefs Stock ist zur Peitsche geworden: Drei Lederstreifen mit Kugeln oder Knoten an den Enden sind daran befestigt. Diese Lederstreifen und die dreiteiligen Pflänzchen vor und hinter Josef entsprechen dem Lebensbäumchen in der Hand des Engels. Der Maler unterstreicht damit: Gott will diese Reise und wird sie auch gelingen lassen. Es ist keine Kleinigkeit, was Josef und seiner Familie da zugemutet wird: nach Ägypten zu fliehen. Seine paar Habseligkeiten – schamser Hausrat jener Zeit – hat er an einen Stecken gehängt, den er über der Schulter trägt. Auffallend ist Josefs Gewand: Es ist «doppelstöckig» aufgebauscht wie dasjenige des Engels, der den Flüchtlingen voranschreitet. Dieses aufgebauschte Gewand scheint ein Zeichen der Nähe zu Gott zu sein. Auch Jesus in seinem Leiden wird in einem solchen gemalt (ab Tafel 142). Maria, die mit dem Kind auf dem Schoss auf dem Esel reitet, wird von vorn von einem Engel und von hinten von Josef beschützt. Da kann wirklich nichts passieren. Josef hat hier die Funktion eines Engels, darum hat ihm der Maler ein solches Gewand gegeben. – Der Engel in Josefs Traum (Tafel 80) und derjenige, der voranschreitet, ist derselbe. Die Purpurstreifen der Tunika kennzeichnen ihn als Erzengel. Bei den Römern galt dies als Zeichen eines hohen Standes. Der Engel hält das Lebenszeichen in der Hand: Die Flucht ist lebensnotwendig.

Der Esel steht vor einer Palme still. Eine Legende (Pseudo-Matthäus 20) erzählt, wie die hungrige Maria sich die unerreichbaren Früchte einer hohen Palme wünscht und wie Jesus dann die Palme bittet, ihre Äste zu neigen. Damit sie die Früchte sammeln kann, neigt sich der Baum bis zur Erde. Auf Jesu Bitte sprudelt schliesslich eine Wasserquelle unter den Wurzeln der Palme hervor. Alle Kreatur anerkennt den Messias. – Maria sitzt mit ihrem Kind auf dem Esel wie auf einem Thron. Frontal und majestätisch wendet sie sich den Betrachtern zu. Ein hoheitsvoller Anblick, relativiert allerdings durch den Esel, das Tier der Demut. Die glückliche Ankunft in Ägypten zeigt Tafel 84.

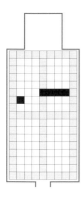

Tafel: 81

Als sie aber fortgezogen waren, siehe, da erscheint dem Josef ein Engel des Herrn im Traum und sagt: Steh auf, nimm das Kind und seine Mutter, flieh nach Ägypten und bleibe dort, bis ich es dir sage! Denn Herodes wird das Kind suchen, um es umzubringen. Da stand er auf in der Nacht, nahm das Kind und seine Mutter und zog fort nach Ägypten. Dort blieb er bis zum Tod des Herodes, damit erfüllt werde, was vom Herrn durch den Propheten gesagt ist: *Aus Ägypten habe ich meinen Sohn gerufen.*

Evangelium nach Matthäus, 2,13-15

Unverhältnismässige Reaktion eines Machtgierigen

Herodes ist jedes Mittel recht, er geht über Leichen, wenn er nur seine Macht behalten kann. Dass sein Thron wackelt, wenn ein richtiger Nachkomme Davids auftaucht, ist ihm klar. Er ist nicht einmal Israelit, sondern edomitischer Abstammung. Herodes setzt auf Gewalt: Alle zweijährigen und jüngeren Knaben in Bethlehem müssen sterben. Nur so kann er wieder ruhig schlafen. Natürlich tötet er nicht selber. Er erteilt nur den Befehl. Er hat seine Knechte und Helfer, die ihn ausführen. Der Mann im roten Gewand kann kaum warten, bis er den königlichen Befehl vollstrecken darf; der Eifer steht ihm ins Gesicht geschrieben. Warum ist er so bereitwillig? Aus Angst? Aus falsch verstandenem Pflichtgefühl? Und die betroffenen Eltern – haben sie sich nicht gewehrt? Und die andern Leute von Bethlehem – haben sie einfach weggeschaut? Es war wohl, wie so oft in der Geschichte: Die Brutalitäten sind möglich, weil diejenigen, die nicht direkt betroffen sind, sich nicht einmischen.

Ausführlich ist der Kindermord von Bethlehem dargestellt. Wohl kaum aus Freude am Thema, sondern eher weil dieser Mord vorausweist auf das, was Jesus bevorsteht: Auch er wird leiden und sterben. Maria und Josef auf dem vorangehenden Bild (Tafel 84) scheinen bereits darüber zu sprechen. Zwar ist es noch nicht so weit: Sie sind in Sicherheit unter dem Zeichen der Lilie. Doch Herodes sitzt scheinbar am längern Hebel. Was kann da ein König ausrichten, der nicht auf Gewalt, sondern auf Liebe und Gnade setzt? Gnade zu leben ist gefährlich. Auf Demut und Liebe zu setzen kann lebensgefährlich werden. Demut braucht weit mehr Mut als Gewalt.

Tafeln: 86, 87, 88, 89, 90,

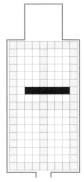

Tafel: 85

Als Herodes nun sah, dass er von den Sterndeutern hintergangen worden war, geriet er in Zorn und liess alle Knaben bis zum Alter von zwei Jahren umbringen in Betlehem und der ganzen Umgebung, entsprechend der Zeit, die er von den Sterndeutern erfragt hatte. Da wurde erfüllt, was durch den Propheten Jeremia gesagt ist: *Ein Geschrei war in Rama zu hören, lautes*

Weinen und Wehklagen, Rahel weinte um ihre Kinder und wollte sich nicht trösten lassen, denn da sind keine mehr.

Evangelium nach Matthäus, 2,16-18

Jesus schenkt Leben

Zu dieser Tafel gibt es keine biblische Geschichte, wohl aber zwei apokryphe (ausserbiblische) Erzählungen. Verschiedene sog. Kindheitsevangelien überliefern sie. Die Version aus dem arabischen Kindheitsevangelium scheint dem Bild auf Tafel 91 am nächsten zu kommen. Die Legende erzählt ganz ähnlich wie die Schöpfungsgeschichte von 1. Mos 2. Sie will Jesus damit ganz nah an Gott rücken. Dass er Tiere belebt, wird in der Bibel zwar nie von ihm erzählt, wohl aber, dass er Menschen Leben schenkt: Indem er Kranke und Behinderte heilt, lässt er sie wieder voll am Leben teilhaben. Jesus belebt aber auch Aussenseiter, sozial geächtete Menschen, indem er sie ernst nimmt und spüren lässt, dass Gottes Liebe auch ihnen gilt.

Hinter den drei spielenden Knaben ist der Tempel zu sehen (vgl. Tafeln 100 und 132). Seltsam, wenn man davon ausgeht, dass Jesus in Nazaret und nicht in Jerusalem aufgewachsen ist. Eine weitere Merkwürdigkeit ist, dass der eine der Knaben Priesterkleidung trägt (vgl. Tafel 130). Sie sind sogar mit roten Streifen versehen, dem Zeichen eines Höhergestellten. Der Maler erlaubt sich da nicht wenig Kirchenkritik: Nicht der Tempel (die Kirche) und nicht der Priester gibt Leben, sondern allein Jesus!

Warum hat der Maler ausgerechnet Vögel und speziell Tauben gemalt? Die Tauben als Symbol des heiligen Geistes zu deuten, scheint zu gewagt. Beim Bild der Vögel möchte man allerdings noch einen Augenblick verweilen: Jesus lässt seinen belebten Vogel frei, während der Priester den seinen in der Hand behält. Jesus belebt und befreit. Seine Belebung beflügelt.

Oft wurde im Alten Orient die Seele als Vogel dargestellt. Wem es schlecht geht, der kann in den Psalmen sagen, die Feinde lauerten ihm wie Vogelfänger mit Fallen und Netzen auf. Auch die beiden andern Knaben haben ihre Hand mit dem Vogel geöffnet, doch kann dieser nicht wegfliegen; ihm fehlt das Leben.

Zur Zeit seiner öffentlichen Wirksamkeit hat Jesus vielen Menschen ein neues Leben geschenkt: Er hat Kranke gesund gemacht, Behinderten ihre vollen körperlichen Fähigkeiten wieder gegeben und sozial Ausgegrenzte und Verachtete, wie z.B. Zöllner, ernst genommen und mit ihnen gegessen. Die Legende vom Knaben Jesus, der tönerne Vögel belebt, will unterstreichen, dass Jesus auf der ganzen Linie Lebensspender ist.

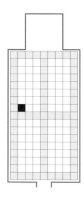

Tafel: 91

Als der Herr Jesus sieben Lebensjahre vollendet hatte, war er eines Tages mit anderen Knaben zusammen, die ihm altersmässig entsprachen. Sie spielten im Lehm und formten daraus Figuren von Eseln, Rindern, Vögeln und anderen Tieren. Und stolz auf sein Können lobte ein jeder sein Werk. Da sagte der Herr Jesus zu den Knaben: Ich werde anordnen, dass die Figuren, die ich geformt habe, herumlaufen. Von den Knaben ge-

fragt, ob er also der Sohn des Schöpfers sei, gab der Herr Jesus den Befehl, sie sollten herumlaufen. Sogleich fingen sie an zu springen. Dann, sobald er sie in Ruhe liess, standen sie wieder still. Er hatte aber auch Figuren von Vögeln und Sperlingen gemacht, die auf seinen Befehl fliegen konnten und auf Befehl wieder stehen blieben.

Arabisches Kindheitsevangelium 36,1-2

Wo Jesus hingehört

Der Tempelbesuch von Josef und Maria beim zwölften Geburtstag ihres Sohnes ist nicht irgend ein Tempelbesuch, wie all die Jahre zuvor, sondern das Fest zur religiösen Mündigkeit des Zwölfjährigen. Er wird nun ein «bar mizwa», ein Sohn des Gesetzes, einer, der das Gesetz kennt und bereit ist, es zu leben. – Christen stellen das alttestamentliche Gesetz gern als Gegensatz zum neutestamentlichen Evangelium dar. Aus jüdischer Sicht ist das Gesetz jedoch keine Last, sondern eine Hilfe, ja ein Zeichen von Gottes Gnade! Ein Grund zur Freude. Darum feiern die Juden jedes Jahr das Fest Simchat Thora, das Fest der Freude am Gesetz. – Wer heute in der jüdischen Gemeinde ein *Sohn des Gesetzes* wird, legt sich zum ersten Mal die Gebetsriemen und den Gebetsmantel an und wird zum ersten Mal im Gottesdienst aufgefordert, aus der Thora (den fünf Büchern Mose) und anschliessend aus der Haftara (den Prophetenbüchern) den Abschnitt des Tages vorzulesen. Es ist das erste Mal, dass der Jugendliche den Erwachsenen einen talmudischen Vortrag halten darf, um die Reife seines Denkvermögens unter Beweis zu stellen. Von jetzt an zählt er zum sog. *Minjan,* wenn es darum geht, zehn religiös mündige Männer zusammenzubringen, damit der Gottesdienst stattfinden kann. – Lukas erzählt, Jesus habe den Lehrern im Tempel zugehört und Fragen gestellt. Tafel 93 zeigt ihn mitten unter den Schriftgelehrten. Diese hatten auch später immer wieder Grund, über Jesu Worte zu staunen. So wird ganz ähnlich auch von dem, was Jesus in der Synagoge von Kafarnaum lehrte, erzählt: *Sie gerieten ausser sich über seine Lehre; denn er lehrte wie einer, der Vollmacht hat, und nicht wie die Schriftgelehrten* (Mark 1,22). – In seiner Linken hält Jesus auf diesem und auf späteren Bildern die Schriftrolle. Auch seine Jünger halten sie jeweils in der Linken, genauso Mose und Elia auf dem Berg der Verklärung (Tafel 124, vgl. Tafel 94). Warum nicht in der Rechten? Soll damit vielleicht eine gewisse Freiheit im Umgang mit Gottes Wort angedeutet werden? Ein feiner Hinweis darauf, dass es Jesus mehr um den Geist geht, der lebendig macht, als um den Buchstaben, der tötet. Genau darüber haben die Schriftgelehrten im Tempel gestaunt. – Doch die Diskussion, die offenbar Tage gedauert hat, wird jäh unterbrochen durch das Kommen von Maria und Josef, die nach ihrem verlorenen Sohn suchen. Lukas erzählt, sie seien bestürzt gewesen. Warum eigentlich? Über die Reife ihres Sohnes oder darüber, dass sie nicht selber auf die Idee gekommen waren, ihn im Tempel zu suchen? Offenbar hat Jesus seine Aufnahme in die Gemeinde der religiös Mündigen weit ernster genommen als seine Eltern! Sie sind nach der religiösen Zeremonie und dem Passafest viel schneller wieder zur Tagesordnung übergegangen. Vielleicht mussten sie auch – Josef hatte schliesslich in Nazareth eine Werkstatt.

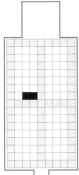

Tafel: 93

Und seine Eltern zogen jedes Jahr am Passafest nach Jerusalem. Und als er zwölf Jahre alt war, gingen sie hinauf, wie es Brauch war beim Fest, und verbrachten die Tage dort. Als sie heimkehrten, blieb der Knabe Jesus in Jerusalem zurück, und seine Eltern merkten es nicht. Da sie aber meinten, er befinde sich unter den Reisenden, gingen sie eine Tagereise weit und suchten ihn unter den Verwandten und Bekannten. Und als sie ihn nicht fanden, kehrten sie nach Jerusalem zurück, um ihn zu suchen. Und es geschah nach drei Tagen, da fanden sie ihn, wie er im Tempel mitten unter den Lehrern sass und ihnen zuhörte und Fragen stellte. Alle aber, die ihm zuhörten, waren ausser sich über seinen Verstand und seine Antworten. Und als sie ihn sahen, waren sie bestürzt, und seine Mutter sprach zu ihm: Kind, warum hast du uns das angetan? Siehe, dein Vater und ich haben dich mit Schmerzen gesucht. Und er sprach zu ihnen: Warum habt ihr mich gesucht? Wusstet ihr nicht, dass ich unter denen sein muss, die zu meinem Vater gehören? Und sie verstanden das Wort nicht, das er zu ihnen sagte. Und er zog mit ihnen hinab und kam nach Nazaret und war ihnen gehorsam. Und seine Mutter behielt alle diese Worte in ihrem Herzen. Und Jesus nahm zu an Weisheit und Alter und Gnade bei Gott und den Menschen.

Evangelium nach Lukas, 2,41-52

Wer bist du?

Tafel: 95

Den Evangelien Matthäus, Markus und Lukas zufolge hat Johannes der Täufer zu Umkehr und Neubeginn gerufen. Im Johannesevangelium steht demgegenüber die Frage im Vordergrund, wer denn dieser Johannes eigentlich sei. Dass Priester und Leviten in ihm den Christus, den gesalbten messianischen König erkennen konnten, liegt nahe. Nachdem Johannes dies verneint, ist die Frage: Bist du Elia? durchaus folgerichtig: Der Messias wird als endzeitlicher König erwartet, der Gottes Reich herbeiführt. Doch vorher soll (nach Maleachi 4,5) der Prophet Elia kommen. Von ihm wird (2. Kön 2,11) erzählt, dass er nicht gestorben, sondern in einem feurigen Wagen mit feurigen Rossen gen Himmel gefahren sei. Besonders beeindruckt hat er die Israeliten wohl durch sein mutiges Auftreten, sein Einstehen für Gott und sein Recht auch gegenüber Königen. Das Alte Testament schreibt ihm sogar eine Totenerweckung zu (1. Kön 17,17–24). Johannes verneint, Elia zu sein. Im Bild übernimmt das Elia für ihn mit seiner abweisenden Handbewegung. Wenn der Maler Elia neben oder hinter Johannes stellt, will er damit wohl das Wort des Engels an Zacharias, den Vater des Täufers, illustrieren: *Er wird vor ihm (dem Messias) hergehen in Elias Geist und Kraft* (Luk 1,17). Mutig wie Elia hat auch Johannes seinem König gesagt, was recht sei (Mark 6, 17f.). Er geht Jesus also in einem doppelten Sinn in Elias Geist und Kraft voran und leistet Wegmacherdienste: Er bereitet den Weg, den der Messias beschreiten wird, hilft aber auch den Menschen auf den Weg, indem er zur Umkehr, zur Sinnesänderung aufruft. Er ist gewissermassen «Wegweiser». Das drückt auch die Geste seiner linken Hand aus. Er weist über sich selber hinaus auf einen Grösseren, Wichtigeren, Würdigeren. Johannes schickt die Menschen auf einen Weg. Mit der Taufe ist erst der Wille bekundet, ein neues Leben anzufangen. Die Taufe ist nur der Anfang – der nun folgende Weg ist ein lebenslänglicher. Die sichtbaren Folgen der Umkehr stehen noch aus. Johannes versteht sich als Rufer in der Wüste (Jes 40,3): Wer ihn hören will, muss selber in die Wüste gehen, d.h. alles hinter sich lassen und in die Einsamkeit hinaus gehen, um sich selber zu begegnen. – Der Weg, den Johannes weist, ist der Weg dem Messias entgegen, der Weg zu Gottes Reich: Neues kann nur beginnen, wenn Menschen neu werden. Johannes tauft nur mit Wasser. Was er vermag, ist beschränkt. Er kann an den guten Willen der Menschen appellieren. Ob die Umkehr allerdings von Dauer ist, hat er nicht in der Hand. Ermahnung und guter Wille allein genügen oft nicht, allein aus eigener Kraft erneuert niemand sein Leben ...

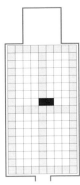

Tafel: 94

Und er wird vor ihm hergehen in Elias Geist und Kraft, die Herzen der Väter zu den Kindern zurückzuführen und Ungehorsame zur Gesinnung Gerechter, um dem Herrn ein wohlversehenes Volk zu bereiten.

Und dies ist das Zeugnis des Johannes, als die Juden aus Jerusalem Priester und Leviten zu ihm sandten, um ihn zu fragen: Wer bist du? Und er bekannte und leugnete nicht, er bekannte: Ich bin nicht der Christus. Und sie fragten ihn: Was dann? Bist du Elia? Und er sagt: Ich bin es nicht. Bist du der Prophet? Und er antwortete: Nein. Da sagten sie zu ihm: Wer bist du? Damit wir denen eine Antwort geben können, die uns gesandt haben. Was sagst du über dich selbst? Er sagte: Ich bin *die Stimme eines Rufers in der Wüste: Macht gerade den Weg des Herrn!*, wie der Prophet Jesaja gesagt hat. Sie waren von den Pharisäern geschickt worden. Und sie fragten ihn und sagten zu ihm: Warum taufst du denn, wenn du nicht der Christus bist, nicht Elia und nicht der Prophet? Johannes antwortete ihnen: Ich taufe mit Wasser. Mitten unter euch steht der, den ihr nicht kennt, der nach mir kommt; ich bin nicht würdig, die Riemen seiner Schuhe zu lösen.

Evangelium nach Lukas 1,17;
Evangelium nach Johannes, 1,19-27

43

Du bist mein geliebter Sohn!

Tafeln: 97, 98

Johannes hat auf Jesus hingewiesen (Tafel 94). Auf Tafel 96 gibt ihm der Maler ein Medaillon in die Hand, in dem ein Tier zu sehen ist. Aufgrund ähnlicher Darstellungen des Täufers muss dieses als Lamm gedeutet werden. Johannes spielt damit auf Jesaja 53,7.12 an, eine Stelle, die herangezogen wurde, um Jesu Tod zu deuten.

Die Leute schauen fragend auf Johannes, als erwarteten sie von ihm noch weitere Hinweise auf den Messias, der irgendwo unerkannt mitten unter ihnen sein soll.

Tafel 98 zeigt die Taufe Jesu. Gegenüber den Bibeltexten fallen drei Dinge auf: Da ist einmal das *Wasser,* das wie ein Berg an Jesus emporsteigt. Dieselbe Darstellung findet sich als Relief aus dem Jahr 1087 in der Klosterkirche Müstair. Sie geht auf eine nachbiblische Legende zurück, der vermutlich zwei alttestamentliche Erzählungen Pate gestanden haben: Die Geschichte vom Durchzug durchs Schilfmeer, in der erzählt wird, die Wasser hätten zu beiden Seiten wie eine Mauer gestanden, während die Israeliten trockenen Fusses hindurchgingen (2. Mos 14,22), und die Geschichte vom Durchzug durch den Jordan, in der es heisst, der Fluss sei ob den Israeliten wie ein Damm gestanden (Jos 3,16), dass sie ihn überqueren konnten. – Eine weitere Besonderheit ist *der Engel,* der mit einem Tuch bereit steht, um Jesus nach der Taufe zu trocknen. Auch von ihm weiss man aus einer Legende. Dass Jesus in aussergewöhnlichen Situationen Engel beigestanden haben, erzählt Markus im Anschluss an die Versuchungsgeschichte (1,13; vgl. Mat 4,11) und ein in manchen Lukashandschriften bezeugter Vers zu Jesu Gebet im Garten Getsemani (22,42). – Die dritte Besonderheit sind *die beiden Fläschchen,* die der Täufer in der Hand hält. Im katholischen Taufritus werden zwei verschiedene Öle verwendet. Hier aber müsste Johannes Jesus eigentlich untertauchen, nicht salben. Er salbt ihn gleichsam zum endzeitlichen König. Jesus ganz besonderes Königtum ist ja das Thema der Zilliser Kirchendecke. Als demütiger König, der sich vor Johannes neigt, ist er hier dargestellt. Die Hände hält er, als sei er bereit, etwas von oben zu empfangen. Im oberen Bildrand sehen wir, wie die Taube des heiligen Geistes aus dem Himmel auf ihn herab kommt. Sie ist gleichsam die sichtbare Seite der göttlichen Stimme aus dem Himmel: *Du bist mein geliebter Sohn; an dir habe ich Wohlgefallen.*

Jesu Taufe ist seine Berufung. Nach der Erzählung von Markus hat Jesus vorher nichts davon gewusst, dass er Gottes Sohn sei. Erst bei der Taufe erfährt er es. Die *Berufung* macht ihn zu Gottes Sohn, nicht eine leibliche Sohnschaft. Die folgende Versuchungsgeschichte erzählt von Jesu Bemühen, sich klar zu werden, welches seine Aufgabe als Sohn Gottes sei.

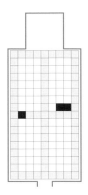

Tafel: 96

Am Tag darauf sieht er Jesus auf sich zukommen, und er sagt: Siehe, das Lamm Gottes, das die Sünde der Welt trägt.

Und es geschah in jenen Tagen, da kam Jesus aus Nazaret in Galiläa und liess sich von Johannes im Jordan taufen. Und sogleich, als er aus dem Wasser stieg, sah er den Himmel sich teilen und den Geist wie eine Taube auf sich herabschweben. Und eine Stimme kam aus dem Himmel: Du bist mein geliebter Sohn, an dir habe ich Wohlgefallen.

Evangelium nach Johannes, 1,29;
Evangelium nach Markus 1,9-11

Versuchungen

Tafeln: 99, 100, 102

Eben hat Jesus eine Stimme vom Himmel gesagt, dass er Gottes Sohn sei. Nun will er sich Klarheit über seine Aufgabe verschaffen. Er zieht sich zurück. Er möchte allein sein, sich nicht beeinflussen und ablenken lassen. 40 Tage lang fastet er. Er möchte sich ganz auf Gott konzentrieren. Doch plötzlich sind da andere Gedanken, die sich nicht so einfach verscheuchen lassen. Matthäus sagt, der Teufel habe ihn versucht. Als personifiziertes Böses wird der Teufel – wie später auch Judas – im Profil dargestellt. Verschiedene Möglichkeiten tauchen vor Jesus auf, was er als Sohn Gottes alles tun könnte: *Er könnte aus Steinen Brot machen.* Verlockend in einer Zeit, in der es immer wieder Hungersnöte gab und arme Leute, die nicht genug zu essen hatten. Auch heute wäre es verlockend, den Hunger in der Welt zu beseitigen und zu meinen, damit käme Gottes Reich auf Erden. Doch ein voller Bauch bedeutet noch lange nicht ein erfülltes Leben. Auch die Seele braucht Nahrung, und auch diese kommt von Gott. Wenn die Seele zu kurz kommt, verkümmert der ganze Mensch. – Jesus könnte etwas ganz Verrücktes tun: die Leute mit einer riesigen *Sensation* anlocken, etwa unversehrt von der Tempelzinne herabspringen, weil Gott ihn doch nicht abstürzen lassen dürfte. Wenn die Leute dann herbeiströmten, könnte er ihnen scheinbar nebenbei Gottes Reich nahe bringen. Doch nein, so will er mit Gott nicht umgehen: Gott muss gar nichts und lässt sich zu nichts zwingen! – Einen Augenblick lang denkt Jesus über den *Weg der Macht* nach. Im Bild (Tafel 101) zeigt ihm der Teufel die Welt(karte) – Kelche, Türme und Geldstücke sind darauf zu sehen – Jesus könnte regieren, wie alle Könige dieser Welt, mit Macht und Reichtum. Doch nein: Es ist nur einer, der regiert: Gott, und ihm will er sich demütig unterordnen. – Diese Tafel bildet den Mittelpunkt der Bilderdecke. Im Schnittpunkt der beiden Kreuzeslinien steht das zentrale Thema des Zilliser Bildprogrammes: Jesus kommt als ein König in Demut und Niedrigkeit, und wer ihm nachfolgen will, muss diesen Versuchungen auch widerstehen.

Kaum hat er sich für diesen Weg entschieden, kommen Engel und dienen ihm, sie bestätigen seine Entscheidung.

Interessant ist der Hintergrund auf Tafel 101: Der Berg der Versuchung. Die Silhouette entspricht dem Tgumagrat, dem äussersten Gipfel der Peza d'Anarosa. Jesu Versuchung hat zwar nicht im Schams stattgefunden, doch die Versuchung, einseitig im Materiellen das Heil zu suchen, mit Gags und Sensationen für Gott zu werben und auf Macht und Reichtum zu setzen, lauert überall. Aus diesem Grund hat der Maler eine Schamser Kulisse als Berg der Versuchung gewählt.

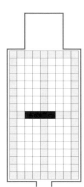

Tafel: 101

Danach wurde Jesus vom Geist in die Wüste geführt, um vom Teufel versucht zu werden. Als er vierzig Tage und vierzig Nächte gefastet hatte, hungerte ihn schliesslich. Da trat der Versucher herzu und sprach zu ihm: Wenn du Gottes Sohn bist, dann sage, dass die Steine hier zu Broten werden. Er aber entgegnete: Es steht geschrieben: *Nicht vom Brot allein lebt der Mensch, sondern von jedem Wort, das aus Gottes Mund kommt.* Dann nimmt ihn der Teufel mit in die Heilige Stadt, und er stellte ihn auf die Zinne des Tempels. Und er spricht zu ihm: Wenn du Gottes Sohn bist, dann stürze dich hinab. Denn es steht geschrieben: *Seine Engel ruft er für dich herbei*, und *sie werden dich auf Händen tragen, damit du deinen Fuss nicht an einen Stein stösst.* Da spricht Jesus zu ihm: Es steht wiederum geschrieben: *Du sollst den Herrn, deinen Gott, nicht versuchen.* Wieder nimmt ihn der Teufel mit auf einen sehr hohen Berg und zeigt ihm alle Königreiche der Welt und ihre Pracht. Und er sprach zu ihm: Dies alles werde ich dir geben, wenn du dich niederwirfst und mich anbetest. Da spricht Jesus zu ihm: Fort mit dir, Satan. Denn es steht geschrieben: *Den Herrn, deinen Gott, sollst du anbeten und ihm allein dienen.* Da lässt der Teufel von ihm ab. Und siehe, Engel traten herzu und dienten ihm.

Evangelium nach Matthäus, 4,1-11

Das erste Zeichen

Tafel: 103

Unmittelbar hinter Maria steht Josef unter den Hochzeitsgästen. Das ist mehr, als was das Johannesevangelium erzählt, und hängt mit der besonderen Wertschätzung Josefs durch Bernhard von Clairvaux zusammen. Josef ist an der Zilliser Decke genauso oft gemalt wie Maria! Vordergründig ist hier die biblische Geschichte vom Weinwunder in Kana zu sehen: Jesus hilft dem Bräutigam aus der Verlegenheit, indem er Wasser in Wein verwandelt. Doch bereits Johannes geht es um mehr. Er nennt Jesu Wunder «Zeichen». Damit will er sagen: Was Jesus tut, ist weit mehr, als was ein objektiver Beobachter mit den Augen sieht; es weist weiter. Ein Wunder ist mehr als eine Begebenheit, bei der etwas Aussergewöhnliches passiert. Eine Begebenheit ist dann ein Wunder, wenn das Vordergründige gleichsam durchsichtig wird und die Beteiligten etwas von Gott zu ahnen beginnen. Johannes erzählt davon, dass die Jünger Jesu zu ahnen beginnen, dass hinter Jesus Gott steht: *Er offenbarte seine Herrlichkeit, und seine Jünger glaubten an ihn.* Die Jünger haben ein Zeichen erlebt. Ihnen wurde gezeigt, wer Jesus ist. Was die übrigen Hochzeitsgäste erlebt haben, erzählt Johannes nicht. Vielleicht haben sie von allem nichts mitbekommen. Wunder sind wohl immer mehrdeutig: So haben Jesu Gegner, die nicht akzeptieren wollten, dass Gott hinter Jesus stehe, ihm einfach unterstellt, er treibe durch den Fürsten der Dämonen die Dämonen aus (Mark 3,22). Wunder können darum nie ein Beweis für Gott oder für Jesu Gottessohnschaft sein. Vielleicht hängt Jesu Verbot, seine Wunder weiterzuerzählen, damit zusammen. Was den einen wichtig, ja heilig ist, bedeutet den andern gar nichts. Es ihnen zu erzählen, bedeutete, Perlen vor die Säue zu werfen. Einer der fünf Krüge steht weit im Rahmen draussen, als sollte er den Betrachter einladen, an diesem Fest mitzufeiern und auch von diesem Wein zu kosten. Welches Fest wird denn da eigentlich gefeiert? Matthäus (9,14) erzählt, dass die Jünger des Johannes reklamiert hätten, warum sie fasten müssten, Jesu Jünger aber nicht. Jesus wies darauf hin, dass man doch nicht faste, solange der Bräutigam da sei, es kämen dann schon Zeiten, in denen auch seine Jünger fasteten. Solange Jesus da ist, ist Festzeit. Auch das Kommen von Gottes Reich hat Jesus im Bild des Festmahls dargestellt (Luk 14,15–24) und dabei betont, wie entscheidend es sei, diese Einladung zum Fest auch anzunehmen. – Liest man die Geschichte des Johannes als Zeichen, erinnert sie daran, dass jedes Leben zum Fest werden kann, wenn Jesus da ist.

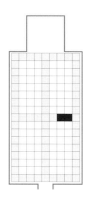

Tafel: 104

Und am dritten Tag war eine Hochzeit in Kana in Galiläa, und die Mutter Jesu war dort. Aber auch Jesus und seine Jünger waren zur Hochzeit geladen. Und als es keinen Wein mehr gab, sagt die Mutter Jesu zu ihm: Sie haben keinen Wein. Und Jesus spricht zu ihr: Was habe ich mit dir zu schaffen, Frau? Meine Stunde ist noch nicht da. Seine Mutter sagt zu den Dienern: Was immer er euch sagt, das tut. Es standen dort aber sechs steinerne Wasserkrüge, wie es die Reinigung der Juden vorschreibt, die fassten je zwei bis drei Metreten. Jesus spricht zu ihnen: Füllt die Krüge mit Wasser! Und sie füllten sie bis oben. Und er spricht zu ihnen: Schöpft jetzt und bringt dem Speisemeister davon. Sie brachten es. Als aber der Speisemeister das Wasser kostete, das zu Wein geworden war, und nicht wusste, woher es war – die Diener aber, die das Wasser geschöpft hatten, wussten es –, da ruft der Speisemeister den Bräutigam und sagt zu ihm: Jedermann setzt zuerst den guten Wein vor, und wenn sie betrunken sind, den schlechteren. Du hast den guten Wein bis jetzt zurückbehalten. Das tat Jesus als Anfang der Zeichen in Kana in Galiläa, und er offenbarte seine Herrlichkeit, und seine Jünger glaubten an ihn.

Evangelium nach Johannes, 2,1-11

Erstaunlicher Glaube eines Römers

Zwei Männer sind zu Jesus gekommen. Sie erzählen ihm etwas und deuten auf eine Begebenheit oder auf einen Menschen ausserhalb des Bildes. Es sind wohl die Ältesten der Gemeinde, die für ihren Freund, einen römischen Hauptmann, bei Jesus ein gutes Wort einlegen. Der Römer weiss, dass manche Juden ein Problem damit haben, sich mit ihm, einem Besatzer und Andersgläubigen, einzulassen oder gar in dessen Haus zu kommen. Er akzeptiert dies und bittet darum seine jüdischen Freunde, für ihn zu Jesus zu gehen, um diesen zu bitten, er möchte seinem todkranken Knecht helfen. Die Ältesten, die für ihn zu Jesus gehen, haben mit dem Römer offenbar keine Mühe; er ist beinahe einer der Ihren, hat er ihnen doch den Bau einer Synagoge ermöglicht. Offenbar ist der römische Hauptmann sehr angetan vom Glauben der Juden, in deren Land er die Besatzungsmacht repräsentiert. Darum ist er auch voller Vertrauen und rechnet fest damit, dass Jesus seinen Knecht retten kann. Jesus ist bereit, zu ihm zu gehen, doch da kommen schon wieder Freunde des römischen Hauptmanns, die erklären, dass er sich nicht für würdig hält, Jesus selber gegenüber zu treten. Sie richten aus, was er gesagt hat: *Sprich ein Wort, so wird mein Knecht gesund.* Jesus ist von solchem Vertrauen beeindruckt, er hat schon ganz Anderes erlebt. In seiner Heimatstadt Nazaret zum Beispiel trauten ihm die Leute gar nichts zu, weil sie meinten, den Zimmermann aus Nazaret doch durch und durch zu kennen (vgl. Tafeln 117 und 118). *Selbst in Israel habe ich einen solchen Glauben nicht gefunden,* muss Jesus feststellen.

In den Sprachen der Bibel ist «glauben» und «vertrauen» dasselbe Wort. Glaube ist wesentlich Vertrauen. Es geht nicht darum, dies oder jenes zu glauben, sondern darum, sich auf Gott zu verlassen, ihm zu vertrauen, nicht um ein Glaubensbekenntnis, das einzelne Artikel aufzählt, die für wahr zu halten sind, sondern um eine Grundhaltung des Vertrauens.

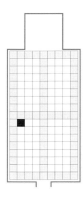

Tafel: 105

Nachdem er alle seine Worte vor den Ohren des Volkes vollendet hatte, ging er nach Kafarnaum hinein. Der Knecht eines Hauptmanns aber, der diesem lieb und teuer war, war auf den Tod krank. Als der nun von Jesus hörte, sandte er Älteste von den Juden zu ihm und liess ihn bitten, er möge kommen und seinen Knecht retten. Als diese zu Jesus kamen, baten sie ihn inständig und sagten: Er ist es wert, dass du ihm dies gewährst. Denn er liebt unser Volk, und er hat uns die Synagoge gebaut. Da machte sich Jesus mit ihnen auf den Weg. Als er aber nicht mehr fern von dem Hause war, schickte der Hauptmann Freunde und liess ihm sagen: Herr, bemühe dich nicht, denn ich bin nicht gut genug, dass du eintrittst unter mein Dach. Deshalb habe ich mich auch nicht für würdig gehalten, selbst zu dir zu kommen. Aber sprich ein Wort, so wird mein Knecht gesund. Denn auch ich bin einer, der unter Befehlsgewalt steht, und ich habe Soldaten unter mir. Sage ich zu einem: Geh, so geht er; sage ich zu einem anderen: Komm, so kommt er; und sage ich zu meinem Knecht: Tu das, so tut er es. Als Jesus das hörte, staunte er über ihn, wandte sich um und sprach zu der Menge, die ihm nachfolgte: Ich sage euch, selbst in Israel habe ich einen solchen Glauben nicht gefunden.

Evangelium nach Lukas, 7,1-9

Heilung eines Epileptikers

Vorwurfsvoll zeigt der Vater des Knaben auf die Jünger, von denen nur einer im Bild zu sehen ist: Gar nichts können sie, scheint er erbost zu sagen. Die Jünger hatten ihm wohl zu erklären versucht, sein Sohn sei eben ein hoffnungsloser Fall. Die andere Hand hat er zur Faust geballt oder verkrampft. Er ist wütend und enttäuscht. So leicht will er sich doch die Hoffnung nicht zerstören lassen! Der Mann hinter ihm – ist es ein Begleiter oder ein Mann aus dem Volk? – unterstützt ihn. Fast wie als Bestätigung, dass er ein hoffnungsloser Fall sei, bekommt der Sohn einen Anfall, wälzt sich am Boden und wird hin- und hergerissen. Wie sein Vater trägt auch er ein grünes Gewand, Zeichen der Hoffnung, die sie hierher geführt hat. Von Jesus haben sie Befreiung erwartet. Markus erzählt nichts davon, dass der Sohn Jesu Fuss ergriffen hätte. Doch der Maler lässt ihn dies tun: In seinem ziellosen Hin- und Hergerissensein packt er Jesu Fuss, um dort Halt zu finden. Was der Sohn durch seine Gebärde des Festhaltens ausdrückt, fasst sein Vater in Worte: *Wenn du etwas vermagst, so hilf uns, wenn du Erbarmen mit uns hast.* Jesus hält ihm entgegen: *Alles ist möglich dem, der glaubt.* Eigentlich weiss der Vater das auch, darum ist er ja mit seinem kranken Sohn zu Jesus gekommen. Doch die Jünger haben ihm sein Vertrauen, gegen seinen Willen, fast ausgeredet. *Ich glaube, hilf meinem Unglauben,* ruft er darum laut. Er schreit wie ein Ertrinkender, obwohl doch Jesus unmittelbar vor ihm steht. Er ist am Ertrinken in seinem Unglauben, doch er erlebt, wie Jesus ihm und seinem Sohn hilft.

Markus erzählt, der Sohn habe einen stummen Geist gehabt, sei von diesem in Besitz genommen, besessen gewesen. Der Kranke erlebt es so, als habe etwas Fremdes, Mächtigeres als sein eigner Wille von ihm Besitz ergriffen. Manche Übersetzungen überschreiben die Geschichte mit «Heilung eines epileptischen Knaben». Heute zieht man diese Erklärung vor, früher sprach man von Besessenheit. Das Krankheitsbild des Hin- und Hergerissenseins hat den Maler inspiriert, den Kranken Jesu Fuss umfassen zu lassen: Bei Jesus ist Halt zu finden. Jesus steht sicher da, er hält seine Schriftrolle demonstrativ in die Mitte des Bildes, damit Vater und Sohn sie nicht übersehen können, als wollte er sagen: Darauf verlasse ich mich, auf Gottes Wort vertraue ich. Anders der Jünger hinter ihm: Er hält seine Schriftrolle zögernd, fragend, und möchte sich damit am liebsten hinter Jesus verstecken. Er ist wohl froh, dass sein Meister ihm vorangeht, er hat noch viel von ihm zu lernen. Alle Menschen um Jesus scheinen zu spüren, dass sie bei Jesus Halt finden: Der Jünger, indem er ihm nachfolgt, der Sohn, indem er seinen Fuss hält, der Vater, indem er von Jesus Hilfe erwartet und empfängt.

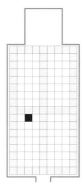

Tafel: 106

Und als sie zu den Jüngern zurückkamen, sahen sie eine grosse Menge um sie versammelt und Schriftgelehrte, die mit ihnen stritten. Und sogleich erschrak die ganze Menge, als sie ihn sah, und sie liefen herbei und begrüssten ihn. Und er fragte sie: Was streitet ihr mit ihnen? Da antwortete ihm einer aus der Menge: Meister, ich habe meinen Sohn zu dir gebracht; er hat einen stummen Geist. Und wenn er ihn packt, reisst er ihn nieder, und er schäumt, knirscht mit den Zähnen und wird starr. Und ich habe deinen Jüngern gesagt, sie sollten ihn austreiben, aber sie vermochten es nicht. Er aber antwortet ihnen: O du ungläubiges Geschlecht! Wie lange soll ich noch bei euch sein? Wie lange soll ich euch noch ertragen? Bringt ihn zu mir! Und sie brachten ihn zu ihm. Und als der Geist ihn sah, zerrte er ihn sogleich hin und her, und er fiel zu Boden, wälzte sich und schäumte. Und er fragte seinen Vater: Wie lange hat er das schon? Der aber sagte: Von Kind auf.

Und oft hat er ihn ins Feuer geworfen und ins Wasser, um ihn zu vernichten. Aber wenn du etwas vermagst, so hilf uns, wenn du Erbarmen mit uns hast. Jesus aber sagte zu ihm: Was heisst: Wenn du etwas vermagst? – Alles ist möglich dem, der glaubt. Sogleich schrie der Vater des Kindes: Ich glaube, hilf meinem Unglauben! Als Jesus aber sah, dass die Leute zusammenliefen, herrschte er den unreinen Geist an und sprach zu ihm: Stummer und tauber Geist! Ich befehle dir, fahre aus von ihm und gehe nie wieder hinein in ihn! Der schrie und zerrte ihn heftig hin und her und fuhr aus. Da wurde er wie tot, so dass alle sagten, er sei gestorben. Jesus aber ergriff seine Hand und richtete ihn auf. Und er stand auf.

Evangelium nach Markus, 9,14-27

Von Dämonen befreit

Tafel: 108

Irgendwie verdreht steht er da, der Besessene. Er möchte vor Jesus weglaufen und wendet ihm doch den Kopf zu. Die Haare stehen ihm zu Berg, er ist wie elektrisiert. Etwas in ihm weiss genau, wer Jesus ist. Seine Mitmenschen behandeln ihn wie einen Aussätzigen. Sie meiden ihn, laufen vor ihm davon. Auch die Jünger verstecken sich hinter Jesus. Alle haben Angst. So muss er sein Leben in Grabhöhlen fristen. Die Toten fürchten ihn nicht. Er ist fast einer von ihnen: Ein lebender Toter. – Jesus behandelt ihn wie einen Menschen, spricht mit ihm, nimmt ihn mit seinem Leiden ernst. Er fragt ihn nach seinem Namen. Die Antwort ist merkwürdig genug: *Legion heisse ich, denn wir sind viele*. Eine Legion ist ein grosser Truppenverband des römischen Heeres. Unzählbar viele Dämonen spürt der Kranke in sich. Sie haben von ihm Besitz ergriffen. Er ist ihnen völlig ausgeliefert. Statt seinen wirklichen Namen nennen zu können, reden sie für ihn. Sie haben seine Persönlichkeit zerstört. Jesus befreit ihn, gibt ihm seine Persönlichkeit zurück. – Der Maler hat die Dämonen als kleine, schwarze Teufelchen gemalt, die dem Mund des Besessenen entsteigen und im nächsten Bild in die Schweine fahren und mit ihnen in den Abgrund stürzen. Ein dankbares Thema für einen Maler! – Die Geschichte erzählt, der Kranke habe einen «unreinen Geist» gehabt. Das hat mit sauber oder schmutzig nichts zu tun, vielmehr mit Gott: «Reine Tiere» waren jene, die man essen durfte, «unreine» hingegen jene, die nach alttestamentlichen Speisegeboten zu essen untersagt waren. Übertretung trennte von Gott. Wer Verbotenes auch nur berührt hatte, wurde vom Kult ausgeschlossen. Reinigungsriten mussten ihn erst wieder kultfähig machen. Wenn biblische Erzählungen von einem «unreinen Geist» reden, versuchen sie auszudrücken, dass dieser Geist nicht von Gott kommt, sondern von Gott trennt, darum die Teufelsgestalt. Etwas Böses, ein fremder, zerstörerischer und unberechenbarer Wille, der ihn beherrschte, hatte von ihm Besitz ergriffen. Das Wort «Dämon» oder «unreiner Geist» ist eine mögliche Deutung solcher menschlicher Erfahrung: Ein Mensch ist nicht mehr er selber. Er tut Dinge, die er nicht versteht. Er weiss nicht mehr, was er eigentlich tut, ja nicht einmal, wer er wirklich ist. Heute sagen wir eher: Er ist geistig krank, seelisch krank, ein Fall für den Psychiater. – Heute kommen Teufelsaustreiber bisweilen in die Schlagzeilen: Menschen, die andere qualvoll zu Tode bringen, weil sie aus ihnen einen bösen Geist austreiben wollten. Ein verhängnisvoller Glaube: Man mag sich fragen, ob der Teufel nicht eher in den Austreibern gewirkt hat! Jesu Weg ist ein anderer: Er befreit, indem er den Kranken ernst nimmt, auf ihn eingeht und ihn spüren lässt, dass auch seine Krankheit ihn nicht von Gott trennt.

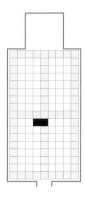

Tafel: 107

Und sie kamen ans andere Ufer des Sees in das Gebiet der Gerasener. Und kaum war er aus dem Boot gestiegen, kam ihm sogleich von den Gräbern her einer entgegen mit einem unreinen Geist. Der hatte seine Wohnung in den Grabhöhlen, und niemand konnte ihn mehr fesseln, auch nicht mit einer Kette. Denn oft war er in Fussfesseln und Ketten gelegt worden, doch die Ketten wurden von ihm zerrissen und die Fussfesseln zerrieben, und niemand war stark genug, ihn zu bändigen. Und die ganze Zeit, Tag und Nacht, war er in den Grabhöhlen und auf den Bergen, schrie und schlug sich mit Steinen. Und als er Jesus von ferne sah, lief er auf ihn zu und warf sich vor ihm nieder und schrie mit lauter Stimme: Was habe ich mit dir zu schaffen, Jesus, Sohn des höchsten Gottes? Ich beschwöre dich bei Gott: Quäle mich nicht! Denn er sagte zu ihm: Fahre aus, unreiner Geist, aus dem Menschen! Und er fragte ihn: Wie heisst du? Und er sagt zu ihm: Legion heisse ich, denn wir sind viele. Und sie flehten ihn an, sie nicht aus der Gegend zu vertreiben. Nun weidete dort am Berg eine grosse Schweineherde. Da baten sie ihn: Schicke uns in die Schweine, damit wir in sie hineinfahren! Und er erlaubte es ihnen. Da fuhren die unreinen Geister aus und fuhren in die Schweine hinein. Und die Herde stürzte sich den Abhang hinunter in den See, an die zweitausend; und sie ertranken im See.

Evangelium nach Markus, 5,1-13

Eine Ausländerin überzeugt Jesus

Zwei Frauen stehen vor Jesus, beide haben ihm das Gesicht zugewandt, ihre Füsse scheinen allerdings bereits wieder von ihm weg zu eilen. Die kleinere, wohl die Tochter, im grünen Gewand fällt durch ihre Haare auf: Wild, wie elektrisiert, stehen diese steckengerade von ihrem Kopfe ab. Der schwarze Teufel, der eben ihrem Munde entstiegen ist, zeigt, was mit ihr los ist: sie ist besessen. Der Teufel macht übrigens dieselben Bewegungen wie die beiden Frauen: Er flieht von Jesus weg, wendet ihm aber das Gesicht zu. Im Gegensatz zu den Frauen, sieht man den Teufel im Profil. Dies ist in der romanischen Epoche typisch für die Darstellung des Bösen (vgl. Tafeln 99–101, 136, 146). Etwas Böses hat von der Tochter Besitz ergriffen und quält sie. Sie weiss nicht mehr, wer sie ist und was sie will und soll. Sie ist hin und hergerissen: Soll sie zu Jesus gehen oder vor ihm weglaufen? Die Mutter spricht bereits mit Jesus, doch er will sie fortschicken. Aber so leicht lässt sich die Frau nicht abwimmeln. All ihren Mut nimmt sie zusammen. Mit ihrer Handbewegung scheint sie sich entschuldigen zu wollen für ihr Ansinnen, er möchte einer Ausländerin helfen. Sie lässt sich darauf ein, mit Jesus zu diskutieren, und sie schafft es tatsächlich, ihn mit ihrem Argument zu überzeugen und erst noch zu beeindrucken: *Frau, dein Glaube ist gross! Dir geschehe, wie du willst.*

Anders als auf den vorangehenden Tafeln lässt der Maler Jesus hier seine Schriftrolle fast verbergen. Will er damit Jesu Wort unterstreichen, er sei nur zu den verlorenen Schafen Israels gesandt? Indem er die Rolle vor den Augen der kanaanäischen Frauen versteckt, drückt er aus: Für euch gilt das nicht. – So, wie Matthäus die Geschichte erzählt, musste Jesus zuerst über seinen eigenen Schatten springen und sich dazu durchringen, der kanaanäischen Frau zu helfen. Damit hat er eine Grenze überschritten und ist von seinem vermeintlichen Auftrag, nur für Israel da zu sein, abgewichen.

Die Geschichte wird gern als Hinweis darauf gelesen, dass Gottes Liebe universal ist und allen Menschen gilt. Hier in Zillis ist sie bestimmt so gemeint. Das unterstreicht auch die Auswahl der dargestellten Geschichten, in der sehr oft von Fremden und Randständigen erzählt wird, denen in Jesus Gott begegnet ist.

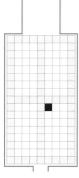

Tafel: 109

Und Jesus ging von dort weg und zog sich in die Gegend von Tyrus und Sidon zurück. Und siehe, da kam eine kanaanäische Frau aus jenem Gebiet und schrie: Erbarme dich meiner, Herr, Sohn Davids! Meine Tochter wird von einem Dämon furchtbar gequält. Er aber antwortete ihr mit keinem Wort. Da traten seine Jünger herzu und baten ihn: Befreie sie, denn sie schreit hinter uns her! Er aber antwortete: Ich bin nur zu den verlorenen Schafen des Hauses Israel gesandt. Doch sie kam, fiel vor ihm nieder und sagte: Herr, hilf mir! Er aber antwortete: Es ist nicht recht, den Kindern das Brot wegzunehmen und es den Hunden vorzuwerfen. Sie aber sprach: Gewiss, Herr, denn die Hunde fressen von den Brosamen, die vom Tisch ihrer Herren fallen! Darauf antwortete ihr Jesus: Frau, dein Glaube ist gross! Dir geschehe, wie du willst. Und von jener Stunde an war ihre Tochter geheilt.

Evangelium nach Matthäus, 15,21–28

Willst du gesund werden?

Dem Teich Betesda traute man offenbar heilkräftiges Wasser zu. Bereits der Name drückt es aus: «Haus der Gnade». – Die Kranken warten alle voller Hoffnung – ausgedrückt durch ihre grüne Kleidung. Nur jener, der schon 38 Jahre lang krank ist, sitzt mit verkrüppelten Händen und Füssen ganz nah am Ufer. Als einziger der Kranken ist er nicht grün gekleidet. Hat er seine Hoffnung längst verloren? Grund hätte er: Jedes Mal, wenn sich das Wasser bewegt, ist ein anderer schneller. Der Sage nach, die man sich von diesem Teich erzählte, kam von Zeit zu Zeit ein Engel und bewegte das Wasser. Dann war es heilkräftig. Der Maler deutet dies durch das Zweiglein, eine Form des Lebensbaums, in der Hand des Engels an.

Warum sitzt der Mann nach 38 Jahren immer noch an diesem Teich? Aus reiner Gewohnheit? Weil er ja ohnehin nichts anderes zu tun hätte? Weil er niemanden hat, bei dem er sonst wohnen könnte? Oder weil er nicht mehr damit rechnet, dass sich in seinem Leben noch etwas ändern könnte? Er ist allein und sieht sich wohl bereits selber als hoffnungslosen Fall.

Da kommt plötzlich einer und stellt ihm die entscheidende Frage: *Willst du gesund werden?* Er sagt nicht einfach *ja*, sondern er erklärt Jesus, warum es unmöglich sei, dass er gesund werden könne. Will er das wirklich sagen? Wohl kaum. Doch jetzt, da wenigstens einmal jemand mit ihm über seine Situation redet, muss er erst einmal die Enttäuschungen der vergangenen 38 Jahre los werden. Trotzdem – oder gerade deshalb? – sagt Jesus zu ihm: *Steh auf, nimm dein Bett und geh umher!* Jesus heisst ihn aufstehen, ihn, der seit 38 Jahren am Boden liegt. Er geht auf den zu, der alle Hoffnung verloren hat, und erinnert ihn daran, dass er doch eigentlich auch einmal gesund werden wollte. Noch verwundert über die neu geschenkte Beweglichkeit blickt der Geheilte zurück auf Jesus und geht dann mit seinem Bett weg – der Maler hat es sich als Laubsack vorgestellt. Jesus hiess ihn gehen, nun wendet er sich dem Kirchenbesucher zu, als wollte er diesem etwas sagen: Vor Gott gibt es keinen hoffnungslosen Fall!

Tafel: 111

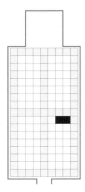

Tafel: 110

Danach war ein Fest der Juden, und Jesus zog hinauf nach Jerusalem. In Jerusalem beim Schaftor ist ein Teich mit fünf Hallen, der auf hebräisch Betesda heisst. In den Hallen lag eine Menge von Kranken, Blinden, Lahmen, Verkrüppelten. Dort war aber ein Mensch, der achtunddreissig Jahre an seiner Krankheit gelitten hatte. Als Jesus diesen liegen sieht und erkennt, dass er schon eine lange Zeit leidet, spricht zu ihm: Willst du gesund werden? Der Kranke antwortete ihm: Herr, ich habe keinen Menschen, der mich in den Teich trägt, sobald das Wasser aufgewühlt wird; und suche ich selbst hinzukommen, steigt ein anderer vor mir hinein. Jesus spricht zu ihm: Steh auf, nimm deine Bahre und geh umher! Und sogleich wurde der Mensch gesund, nahm seine Bahre und ging umher.

Evangelium nach Johannes, 5,1-9a

Steh auf!

Vergeblich sucht man in den Evangelien nach einer Geschichte, die erzählte, wie Jesus vor dem Tempel einen Gehbehinderten aufstehen heisst. Der Mann auf dem Bild hat Handkrücken, mit deren Hilfe er sich – besser als mit blossen Händen – auf dem Boden weiterschieben kann. Jesus geht zielbewusst auf ihn zu. Er neigt sich ihm entgegen, seine Zuwendung ist augenfällig. Der Invalide hat bereits die eine Krücke losgelassen und erhebt sich, Jesus entgegen. Seine Hand, mit der er eben noch die Krücke umklammert hatte, streckt er Jesus entgegen. Offen empfängt er Jesu Kraft, lässt sich aufrichten. Hinter ihm ist deutlich der Tempel zu erkennen, doch auch Jesus steht vor einem Gebäude. Könnte es ein Kirchturm sein? Wollte der Maler vielleicht einen Kirchturm (etwa gar den damaligen von Zillis) darstellen? Auch sonst finden sich auf den Tafeln der Zilliser Decke Dinge, die nicht mit der entsprechenden biblischen oder apokryphen Geschichte übereinstimmen, die aber eine wichtige Bedeutung haben: Z.B. Jesus neben dem Tempel, wie er Tonvögel belebt, Elia neben Johannes dem Täufer (Tafel 94) oder die beiden Ölfläschchen in der Hand des Täufers bei Jesu Taufe (Tafel 98). Vielleicht will der Maler hier auf ähnliche Weise wie in den vorangehenden Bildern (Tafeln 110 und 111) das Neue der befreienden Botschaft Jesu darstellen: Jesus vor dem Kirchturm verkörpert Gottes Zuwendung zum Menschen. Der Behinderte, der mit seinen Krücken am Boden herum kriecht und rutscht, kommt aus eigener Kraft nicht weit. Jesus kommt auf ihn zu und schenkt ihm den aufrechten Gang.

Ob nur Gelähmte und Gehbehinderte sich in diesem Manne wiedererkennen? Fehlt nicht oft auch körperlich Gesunden der aufrechte Gang? So vieles drückt Menschen nieder, hindert sie, aufzustehen und aufrecht zu gehen. Jesu Zuwendung und sein *steh auf!* gilt auch ihnen.

Jesus wendet sich denen am Boden zu, richtet sie auf, lässt sie spüren, dass auch sie vollwertige Menschen sind. Das ist die Aufgabe aller Christen. Es ist nicht ausgeschlossen, dass Jesus auf dem Bild auch die Kirchenbesucher auf die Hilfebedürftigen hinweisen will. Tafel 148 zeigt Martin, der Jesus in diesem Sinne nachfolgt, wie er vom Pferd gestiegen ist und sich zu einem halbnackten Bettler neigt und diesem die Hälfte seines Mantels gibt. Martin ist ein Heiliger: Wer ihm begegnet – z. B. der halbnackte Bettler – spürt etwas von Gottes Nähe, ganz ähnlich, wie zur Zeit Jesu all die Elenden, denen er aufgeholfen hat, etwas von dieser Nähe Gottes gespürt haben.

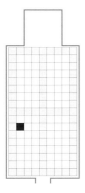

Tafel: 112

Und er zog in ganz Galiläa umher, lehrte in ihren Synagogen, verkündigte das Evangelium vom Reich und heilte jede Krankheit und jedes Leiden im Volk. Und die Kunde von ihm verbreitete sich in ganz Syrien. Und man brachte alle Kranken zu ihm, von den verschiedensten Gebrechen und Beschwerden Gezeichnete: Besessene, Mondsüchtige und Gelähmte; und er heilte sie.

Evangelium nach Matthäus, 4,23-24

Mit Christus mitsterben, um zu leben

Tafeln: 113, 114

Die drei Bilder passen nicht in allen Punkten zur Geschichte von der Auferweckung des Lazarus, wie sie das Johannesevangelium erzählt: Das Grab ist nicht wie in der biblischen Geschichte als Höhle, sondern als Sarkophag dargestellt, darum kann auch kein Stein weggewälzt, sondern es muss ein Deckel gehoben werden. Ferner werfen sich die beiden Schwestern gleichzeitig vor Jesus nieder. Der Maler hat zwei Szenen zusammengenommen und lässt daher beide Frauen miteinander Jesus entgegen gehen und sich gemeinsam vor ihm niederwerfen. Auffällig an den Schwestern sind deren aufgelösten Haare und ihre kleine Gestalt. Die aufgelösten Haare stehen im Zusammenhang mit dem Brauch der Totenklage. Die äussere Erscheinung spiegelt die innere Verfassung wider. Die beiden sind aufgelöst vor Trauer. Die eine umklammert Jesu Fuss, als wolle sie in dieser trostlosen Situation bei ihm Halt finden. Dass Maria und Marta im Verhältnis zu den andern Leuten so klein gemalt sind, ist wohl als Hinweis auf ihre Gemütsverfassung zu deuten. Sie fühlen sich ohnmächtig, klein und nichtig gegenüber dem Tod, der ihnen den Bruder genommen hat. Jede von ihnen hätte im Sarg Platz, aus dem Lazarus eben aufsteht. Wie hingegen Lazarus in dieser Kiste gelegen haben könnte, ist schwer vorstellbar: Er ist hoffnungslos zu gross, er passt überhaupt nicht in den Sarg. Da hilft auch seine prächtige Mumienwicklung und das satte, endgültige Schwarz des Sarges nichts. Der Sarg erinnert an Jesu Krippe (Tafel 60). Dort ist Jesus so gewickelt wie Lazarus hier; sogar der Hintergrund ist beide Male gleich schwarz. Geburt und Tod gehören zusammen und sollen zusammen gesehen werden. Bernhard von Clairvaux deutet in einer Predigt zu Mariä Himmelfahrt die Lazarus-Geschichte so: Wer Christus lieb hat, muss sterben wie Lazarus – nämlich in Demut und Busse seinem Ich-Willen absterben – und das ganz, bis der Geruch des Todes an ihm haftet. Erst dann geht Christus zu ihm und ruft ihn heraus in ein neues Leben. – Der Maler von Zillis hat nicht einfach das gemalt, was das Johannesevangelium erzählt, sondern er bietet eine Deutung. Er versteht die Geschichte gleichnishaft wie Bernhard. Es geht ihm um das Sterben mit Jesus. In diesem Sinn verstand das frühe Christentum die Erwachsenentaufe als Sterben mit Jesus, um neu mit ihm zu leben (Röm 6,3ff.). Die Zilliser Decke hat nicht nur das Mitsterben, sondern noch viel mehr das Leben mit Jesus dargestellt: Anstelle einer Ostergeschichte erscheint die Martinslegende. Sie erzählt von einem, der mit Jesus lebt, in dessen Leben hinein Jesus auferstanden ist. Das zeigt sich im Leben Martins, der Jesus konsequent, in demütiger Hingabe nachfolgt.

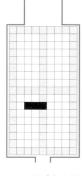

Tafel: 115

Marta nun, als sie hörte, dass Jesus komme, ging ihm entgegen. Maria aber sass zu Hause. Da sprach Marta zu Jesus: Herr, wärst du hier gewesen, so wäre mein Bruder nicht gestorben. Jesus sprach zu ihr: Ich bin die Auferstehung und das Leben. Wer an mich glaubt, wird leben, auch wenn er stirbt, und jeder, der lebt und an mich glaubt, wird in Ewigkeit nicht sterben. Glaubst du das? Sie sagt zu ihm: Ja, Herr, jetzt glaube ich, dass du der Christus bist, der Sohn Gottes, der in die Welt kommt. Und als sie dies gesagt hatte, ging sie fort und rief Maria, ihre Schwester, und sagte heimlich zu ihr: Der Meister ist da und ruft dich. Maria nun, als sie dahin kam, wo Jesus war, sah ihn und warf sich ihm zu Füssen und sagte zu ihm: Herr, wärst du hier gewesen, so wäre mein Bruder nicht gestorben. Als Jesus nun sah, wie sie weinte und wie auch die Juden weinten, die mit ihr gekommen waren, ergrimmte er im Geist und war erregt und sprach: Wo habt ihr ihn hingelegt? Sie sagen zu ihm: Herr, komm und sieh! Es war aber eine Höhle, und davor lag ein Stein. Jesus spricht: Nehmt den Stein weg! Marta, die Schwester des Verstorbenen, sagt zu ihm: Herr, er stinkt schon, denn er ist vier Tage tot. Jesus spricht zu ihr: Habe ich dir nicht gesagt: Wenn du glaubst, wirst du die Herrlichkeit Gottes sehen? Da nahmen sie den Stein weg. Jesus aber hob seine Augen auf und sprach: Vater, ich danke dir, dass du mich erhört hast. Ich wusste, dass du mich allezeit erhörst; aber um der Menge willen, die da ringsum steht, habe ich es gesagt, damit sie glauben, dass du mich gesandt hast. Und als er dies gesagt hatte, rief er mit lauter Stimme: Lazarus, komm heraus! Der Tote kam heraus, die Füsse und die Hände mit Binden umwickelt, und sein Gesicht war mit einem Schweisstuch bedeckt. Jesus spricht zu ihnen: Befreit ihn und lasst ihn gehen!

Evangelium nach Johannes, 11,20-21.25-28.
32-34.38b-44

Jesus gibt sich einer Frau aus Samaria zu erkennen

Auf den ersten Blick zeigt Tafel 116 eine Begegnung am Brunnen. Das Gesprächsthema ergibt sich aus dem Ort dieser Begegnung. Jesus hat Durst und bittet die Frau, ihm Wasser zu geben. Sie wundert sich, dass ein Jude eine Samariterin um Wasser bittet. – Juden und Samariter hatten sich politisch und glaubensmässig im Laufe der israelitischen Geschichte immer weiter auseinandergelebt. Nach dem Tode von König Salomo hatte sich Israel in ein Nord- und ein Südreich aufgeteilt. Das Nordreich erlag 722 v. Chr. dem Ansturm der assyrischen Weltmacht. Die Assyrer siedelten im eroberten Gebiet Leute aus andern unterworfenen Dörfern und Städten an, die sich schliesslich mit den Israeliten vermischten. (2 Kön 17,24ff.). Der Kontakt zu Jerusalem brach ab. Als heilige Schriften verehrten die Samariter nur die fünf Mosebücher, während die Bibel der Juden zur Zeit Jesu etwa den Umfang des heutigen Alten Testaments hatte. Wenn möglich mieden die Juden die Samariter. Von Jesus wird erzählt, dass er auch einen samaritanischen Aussätzigen geheilt habe, und in einem Gleichnis lässt er nicht etwa den Priester oder den Leviten aus Jerusalem richtig handeln, sondern ausgerechnet den Samariter. Für Jesus bestand da offenbar keine unüberwindbare Grenze. Er findet nichts Ehrenrühriges daran, eine Frau aus Samaria um Wasser zu bitten und mit ihr über ernste Dinge zu reden. Vom Wasser kommen sie auf den Durst, auf die ungestillte Sehnsucht zu sprechen. Ein Thema, mit dem die Frau Erfahrung hat: Mit fünf Männern war sie zusammen gewesen, doch mit keinem hatte sie Erfüllung gefunden. Sie möchte von diesem lebendigen Wasser, das Jesus anbietet. Durch die Bewegung, die von Jesu ausgestreckter Hand über das Seil zur Frau hinüber läuft, drückt der Maler aus, wie Jesu Wort bei ihr ankommt. Ja, volles, erfülltes Leben ist genau das, was sie sucht. Mit ihrem grünen Kleid weist der Maler (entsprechend der Farbsymbolik des Mittelalters) auf Wachstum, neue Erkenntnis und neues Leben. Die Frau aus Samaria bekommt die Möglichkeit, ihren Durst zu stillen. Wie das geschehen kann, deutet der Maler auf seine Weise an: Der schwarze Brunnen erinnert an den Sarkophag des Lazarus. Da hinunter in die schwarze Tiefe, in den Tod, muss das Schöpfgefäss, um Wasser zu holen. Wenn sie ihr Herz mit dem lebendigen Wasser, das Jesus geben kann, füllen will, muss sie mit ihm sterben, um mit ihm leben zu können. – Jesus hält die Schriftrolle beinahe versteckt. Er will nicht die Unterschiede zu den Samaritern betonen. Wichtig ist jetzt nicht, ob der Tempel auf dem Berg der Samariter oder in Jerusalem steht, sondern einzig, dass die Frau sich auf ihn einlässt. Der Zugang zu Gott geht nicht über Tempel oder Schrift, sondern über die Begegnung mit Jesus.

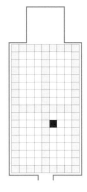

Tafel: 116

Nun kommt er in die Nähe einer Stadt in Samarien namens Sychar, nahe bei dem Grundstück, das Jakob seinem Sohn Josef gegeben hatte. Dort aber war der Brunnen Jakobs. Jesus war müde von der Reise, und so setzte er sich an den Brunnen; es war um die sechste Stunde. Eine Frau aus Samaria kommt, um Wasser zu schöpfen. Jesus spricht zu ihr: Gib mir zu trinken! Seine Jünger waren nämlich in die Stadt gegangen, um Essen zu kaufen. Die Samariterin nun sagt zu ihm: Wie kannst du, ein Jude, von mir, einer Samariterin, zu trinken erbitten? Juden verkehren nämlich nicht mit Samaritern. Jesus antwortete ihr: Kenntest du die Gabe Gottes und wüsstest, wer es ist, der zu dir sagt: Gib mir zu trinken, so würdest du ihn bitten, und er gäbe dir lebendiges Wasser. Die Frau sagt zu ihm: Herr, du hast kein Schöpfgefäss, und der Brunnen ist tief. Woher also hast du das lebendige Wasser? Bist du etwa grösser als unser Vater Jakob, der uns den Brunnen gegeben hat? Und er selbst hat aus ihm getrunken, er und seine Söhne und sein Vieh. Jesus entgegnete ihr: Jeder, der von diesem Wasser trinkt, wird wieder Durst haben. Wer aber von dem Wasser trinkt, das ich ihm geben werde, der wird in Ewigkeit nicht Durst haben, sondern das Wasser, das ich ihm geben werde, wird in ihm zu einer Quelle werden, deren Wasser ins ewige Leben sprudelt. Die Frau sagt zu ihm: Ich weiss, dass der Messias kommt, den man den Christus nennt; wenn jener kommt, wird er uns alles kundtun. Jesus spricht zu ihr: Ich bin es, ich, der mit dir spricht.

Evangelium nach Johannes, 4,5-14.25-26

Ohne Vertrauen geht gar nichts

Tafel: 117

Von Jesus wird erzählt, dass er jeweils am Sabbat in der Synagoge den Gottesdienst besucht hat. Dies tat er offenbar auch in Nazaret, wo er aufgewachsen war und bis zum Alter von 30 Jahren in der elterlichen Werkstatt als Zimmermann gearbeitet hatte. In der Synagoge kann grundsätzlich jeder religiös mündige Mann aufgefordert werden, den Bibelabschnitt vorzulesen, der dem entsprechenden Sabbat zugeordnet ist. Als Gast wird offenbar Jesus diese Ehre zuteil. Er darf das Gelesene auch auslegen. Dabei versetzt er die Leute seiner Heimatstadt in Staunen und Verwunderung. Das hätten sie ihm nie zugetraut. Zwar haben sie schon allerlei über ihn gehört, doch sie können kaum glauben, was alles über Jesus erzählt wird. Sie kennen ihn doch! Sie kennen seine Eltern, seine Brüder und Schwestern, sie kennen seine Zimmermannsarbeiten, sie wissen doch, wer er ist... Sie wissen es viel zu gut und sind sich in ihrem Wissen viel zu sicher: Sie lassen ihm gar keinen Raum, irgendwie anders zu sein und zu reagieren, als sie es erwarten. Sie trauen ihm nichts Neues und Unerwartetes zu.

Auf dem Bild gibt Jesus sich alle Mühe mit den Leuten von Nazaret. Er neigt sich ihnen zu. Sie gestikulieren, fragen, wehren ab. Auf Tafel 117 wendet sich einer um, gleich wird er die Synagoge verlassen. Jesus möchte mit den Leuten von Nazaret ins Gespräch treten. Doch sie wollen nicht. Sie können nicht, weil ihnen ihr Bild, das sie sich von ihm gemacht haben, im Wege steht. Die Leute von Nazaret stehen alle unter dem schützenden Dach der Synagoge, dem schützenden Dach ihrer Tradition. Da verstecken sie sich gleichsam vor Neuem, Unerwartetem. Jesus hingegen steht draussen: Für ihn ist da kein Platz mehr.

Sind die beiden Bilder vielleicht auch als Warnung an den Kirchenbesucher zu sehen: Christen und Kirche machen sich immer wieder ein Bild von Jesus und glauben, ihn damit erfasst zu haben. Bleibt dabei genügend Raum, genügend Offenheit, ihn auch noch anders zu erleben, als ihn das Bild zeichnet, das sie sich von ihm zurechtgelegt haben? Er kann nur wirken, wenn ihm dieser Raum zugestanden und Vertrauen entgegen gebracht wird.

Das gilt für jeden Menschen: Nur wenn ihm etwas zugetraut wird, kann er auch etwas leisten. Mancher Versager ist nicht einfach selber schuld. Es wurde ihm nie Vertrauen entgegen gebracht, drum traut er sich selber auch nichts zu, und wenn er es dann doch einmal versucht, muss es ja schief gehen. Auch für Jesus war Vertrauen wichtig, und wo ihm nur Misstrauen entgegengebracht wurde, konnte nicht einmal er etwas Gutes vollbringen.

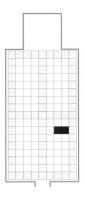

Tafel: 118

Und er ging weg von dort. Und er kommt in seine Vaterstadt, und seine Jünger folgen ihm nach. Und als es Sabbat war, begann er, in der Synagoge zu lehren. Und viele, die zuhörten, gerieten ausser sich und sagten: Woher hat der das, und was ist das für eine Weisheit, die ihm gegeben ist? Und solche Wunder geschehen durch seine Hände? Ist das nicht der Zimmermann, der Sohn Marias, der Bruder des Jakobus, des Jose, des Judas und des Simon, und leben nicht seine Schwestern hier bei uns? Und sie nahmen Anstoss an ihm. Doch Jesus sprach zu ihnen: Nirgends gilt ein Prophet so wenig wie in seiner Vaterstadt und bei seinen Verwandten und in seinem Haus. Und er konnte dort kein einziges Wunder tun, ausser dass er einigen Kranken die Hand auflegte und sie heilte. Und er wunderte sich über ihren Unglauben. Dann zog er in den umliegenden Dörfern umher und lehrte.

Evangelium nach Markus, 6,1-6

Jesus nimmt die Kinder ernst

In Gottes Reich gelten die Kleinen, die Unscheinbaren, die Armen, die Demütigen, die Ausgegrenzten. Jesus hat sich in der Zeit seiner öffentlichen Wirksamkeit vor allem jenen zugewandt, von denen seine Zeitgenossen wenig bis gar nichts hielten: Er hat sich mit Zöllnern abgegeben, hat mit ihnen sogar gegessen und getrunken. Er hat mit der Frau in Samaria geredet, hat sich Kranken und Behinderten zugewandt. Niemand war ihm zu gering oder zu wenig. Es wird sogar erzählt, er sei wütend geworden, als er merkte, dass seine Jünger Leute wegschickten, die mit Kindern zu ihm kommen wollten (Mark 10,14). So kommt ihm wohl die Frage seiner Jünger ganz gelegen, wer vor Gott der Grösste sei. Das Kind im Bild scheint selber erstaunt, dass Jesus es so in die Mitte stellt. Wie die Kinder sollen sie werden, empfiehlt Jesus den Erwachsenen, und spielt dabei auf ihre Kleinheit an. Wer klein ist, kann noch wachsen. Wenn Jesus von Gottes Reich sprach, erzählte er unter anderem Gleichnisse vom Wachstum: Vom kleinen Samen des Senfkorns, aus dem ein grosser Baum entsteht, in dem die Vögel nisten. Oder jenes andere Gleichnis von dem bisschen Sauerteig, welches das ganze Brot aufgehen lässt. Die Anfänge von Gottes Reich sind klein und unscheinbar, klein wie ein Kind, das in den Augen vieler noch niemand ist. Doch das Kind ist noch offen, neugierig, bereit, sich auf Neues einzulassen. Das Kind stellt Fragen, jedenfalls wenn ihm dies die Erwachsenen nicht abgewöhnt haben. Es kann vertrauen.

Mit der Perspektive der Säulen hat der Maler noch etwas Mühe; bei der Kuppel ist sie ihm gelungen. Oder bezweckt er mit dieser seltsamen Darstellung etwas? Er stellt das Kind zwischen die mittleren Säulen. Damit ist auf den ersten Blick klar, dass Jesus es in die Mitte stellt. Wozu überhaupt dieser Kuppelbau? Sowohl Jesus als auch die Kinder stehen ausserhalb. Laut den Erzählungen der Evangelien war Jesus immer wieder draussen: Es beginnt mit der Geburt draussen in einem Hirtenunterstand, es geht weiter mit dem Menschensohn, der – im Gegensatz zu Füchsen und Vögeln – keinen Platz hat, wo er sein Haupt hinlegen könnte, und endet schliesslich draussen vor der Stadt am Kreuz. Jesus war ein irdisch Heimatloser, und doch war er bei Gott daheim wie kaum ein anderer. Solche Unbehaustheit zwingt zur Offenheit. Wer kein Dach über dem Kopf hat (wie hier im Bild), sieht den Himmel, hat einen weiteren Horizont, als der, der sich irgendwo einschliesst. Die kuriose Perspektive des Kuppelbaus könnte Absicht sein (auf Tafel 118 stimmt es mit den Säulen!): Will der Maler etwa das Weltbild mancher Erwachsener karikieren, in dem so manches, was Jesus sagt, keinen Platz mehr findet? Die Ansichten sind festgefahren; es ist klar, was und wer drinnen und was und wer draussen ist.

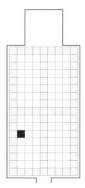

Tafel: 119

In jener Stunde traten die Jünger zu Jesus und sagten: Wer ist nun der Grösste im Himmelreich? Und er rief ein Kind herbei, stellte es in ihre Mitte und sprach: Amen, ich sage euch, wenn ihr nicht umkehrt und werdet wie die Kinder, werdet ihr nicht ins Himmelreich hineinkommen. Wer sich so klein macht wie dieses Kind, der ist der Grösste im Himmelreich. Und wer ein solches Kind aufnimmt in meinem Namen, nimmt mich auf.

Evangelium nach Matthäus, 18,1-5

Der Auftrag der Jünger

Jesus schickt seine Jünger aus, das zu tun, was er getan hat. Nun sollen sie auf eigenen Füssen stehen. Der hinterste steht noch recht unschlüssig da, als zweifle er, ob er dazu imstande sei. Auch der Jünger vor ihm ist sich seiner Sache nicht so sicher: Aber doch nicht ich? scheint seine Handbewegung auszudrücken. Immerhin tut er einen ersten Schritt. Die beiden vorderen Jünger scheinen entschlossener, auch wenn sie noch einen Moment still stehen, als wollten sie sich den Kirchenbesuchern zuwenden und auch sie auffordern, auf diesen Weg mit zu gehen. Ohne materielle Absicherung, aber erfüllt vom Geist Jesu, von seiner Kraft, die belebt, befreit und aufrichtet, machen sie sich auf den Weg, so zu wirken wie ihr Meister. Es ist eine Art Hauptprobe für die Zeit, da Jesus nicht mehr sichtbar bei ihnen sein wird, und gleichzeitig eine Art Vorbild für alle Christen.

Vollmacht über die unreinen Geister haben sie bekommen. Sie können Menschen befreien, die von etwas gefangen sind, das von ihnen Besitz ergriffen hat, von Krankheit und Sucht. Sie können zu jenen hingehen, die sich selber längst aufgegeben haben, deren Hoffnung gestorben ist. Sie können zu all jenen gehen, die von ihren Mitmenschen ausgegrenzt werden, abgeschrieben sind. Die Jünger haben die Kraft bekommen, vor keiner noch so misslichen Situation zu kapitulieren: Keine noch so starren Sachzwänge, die Menschen zu Sklaven machen, keine noch so eindeutigen Schuldzuweisungen können sie schrecken. Im Namen Jesu und erfüllt von seinem Geist dürfen und können sie keinen Menschen als hoffnungslosen Fall ansehen. Sie werden ganz besonders hellhörig, wo ihnen jemand als solcher geschildert wird, und wissen, da gilt es zu helfen. Mit ihrem Tun verkünden sie Gottes Reich; sie leben es. Wer ihnen begegnet, kann Gottes Nähe spüren.

Die ausgesandten Jünger zwingen allerdings niemanden zu seinem Glück. Wie Jesus werden auch sie auf Menschen treffen, die nichts von ihnen wissen wollen. Jesus hält nichts von Zwang. Zwangsbekehrungen und -taufen, wie sie in der Geschichte der christlichen Kirche vorgekommen sind, sind der falsche Weg, ein grosses Missverständnis. Jesus setzt auf Überzeugung. Wer sich auf ihn einlässt, soll dies aus innerster Überzeugung tun.

Jesus schickt seine Jünger ohne materielle Absicherung los: Sie können nicht zwei Herren dienen, Gott und dem Mammon. Sie sollen die befreiende Botschaft von Gottes Reich verkünden, und das können sie glaubwürdiger tun, wenn sie arm sind.

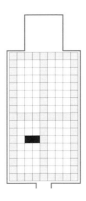

Tafel: 121

Und er ruft die Zwölf herbei. Und er fing an, sie zu zweit auszusenden, und gab ihnen Vollmacht über die unreinen Geister. Und er gebot ihnen, nichts auf den Weg mitzunehmen ausser einem Stab, kein Brot, keinen Sack, kein Geld im Gürtel, jedoch Sandalen an den Füssen, und: Zieht euch kein zweites Kleid an! Und er sprach zu ihnen: Wo ihr in ein Haus eintretet, dort bleibt, bis ihr von dort weiterzieht. Wo ein Ort euch nicht aufnimmt und sie euch nicht zuhören, da geht weg von dort und schüttelt den Staub an euren Füssen ab, ihnen zum Zeugnis. Und sie zogen aus und verkündigten, man solle umkehren. Und sie trieben viele Dämonen aus und salbten viele Kranke mit Öl und heilten sie.

Evangelium nach Markus, 6,7-13

König in Niedrigkeit

T afel 122 zeigt Jesus und Petrus in ein ernsthaftes Gespräch vertieft. Petrus hat eben bekannt: *Du bist der Christus,* du bist der Gesalbte, der Messias, der endzeitliche Retter, mit dem Gottes Reich anbrechen wird. Doch statt diese Aussage zu bestätigen, verbietet Jesus streng, mit irgendjemandem darüber zu reden. Petrus hat es zwar richtig in Worte gefasst, doch der Fortgang des Gesprächs zeigt, wie wenig er begriffen hat. Offenbar stellt er sich den Messias noch immer als einen König wie David vor. Als einen, der regiert und Macht hat, als einen, der das Land der Israeliten von der römischen Besatzungsmacht befreit und Israel wieder zur politischen Selbständigkeit führt. Es entspricht darum ganz und gar nicht der Erwartung des Petrus, wenn Jesus davon zu reden beginnt, dass er sterben müsse. Petrus ist entsetzt. Seine Handbewegung drückt es aus: Am liebsten möchte er dies weit von sich weisen: Das darf doch nicht sein. Der Messias muss regieren, nicht sterben! Seine linke Hand umklammert die Schriftrolle. Unter dem Stoff des Kleides zeichnen sich seine Finger ab, so fest hält er sie. Sie ist dunkel geworden. Petrus versteht gar nichts mehr. Soll das Gottes Wille sein? scheint er ungläubig zu fragen. Gottes Wille scheint ihm dunkel.

Aber auch Jesus ist ungewöhnlich erregt. So hat er seinen Jünger noch nie angefahren: *Fort mit dir, Satan, hinter mich!* Auch Jesus scheint es nicht leicht zu fallen, diesen Weg von Leiden und Sterben, der vor ihm liegt, als Gottes Willen anzunehmen (vgl. Tafel 138). Was Petrus ihm da vorschlägt, wäre auch für ihn der einfachere Weg. Doch er will sich Gottes Willen fügen, selbst dann, wenn es ihm schwer fällt. Entschlossen zeigt er auf die Schriftrolle in seiner Linken. Gott will es so, scheint er zu sagen.

Jesus und Petrus kommen gleichsam aus dem Rahmen ihres Bildes heraus auf die Kirchenbesucher zu. Die Frage, die sie miteinander erörtern, geht auch diese etwas an. Wie stellen sie sich den Christus, den Messias vor: als König in Herrlichkeit oder als demütigen König in Niedrigkeit? Unmissverständlich wie selten unterstreicht das Bildprogramm von Zillis den demütigen König in Niedrigkeit, indem es sogar auf ein Osterbild vom Auferstandenen verzichtet und die Geschichte Jesu in der Dornenkrönung ihren Höhepunkt erreichen lässt (mehr dazu bei Tafel 146). Die Darstellung des Petrusbekenntnisses und der Ankündigung von Jesu Leiden und Sterben ist gleichsam der Auftakt der nun folgenden Passionsgeschichte, die – jedenfalls für drei ausgewählte Jünger – mit einem kurzen Ausblick auf Jesu Herrlichkeit beginnt.

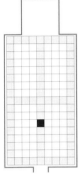

Tafel: 122

Und Jesus und seine Jünger zogen hinaus in die Dörfer bei Cäsarea Philippi. Unterwegs fragte er seine Jünger: Für wen halten mich die Leute? Sie aber sagten zu ihm: Für Johannes den Täufer, andere für Elia, wieder andere aber für einen der Propheten. Da fragte er sie: Ihr aber, für wen haltet ihr mich? Petrus antwortet ihm: Du bist der Christus! Da herrschte er sie an, dass sie niemandem etwas über ihn sagen sollten. Und er begann sie zu lehren: Der Menschensohn muss vieles erleiden und von den Ältesten und den Hohepriestern und den Schriftgelehrten verworfen werden und getötet werden und nach drei Tagen auferstehen. Und er sprach das Wort offen aus. Da nahm ihn Petrus beiseite und fing an, ihn anzuherrschen. Er aber wandte sich um, blickte auf seine Jünger und herrschte Petrus an: Fort mit dir, Satan, hinter mich! Denn nicht Göttliches, sondern Menschliches hast du im Sinn.

Evangelium nach Markus, 8,27-33

Drei Freunde dürfen Jesu Herrlichkeit schauen

Tafeln: 123, 125

Es ist ein majestätisches Bild, die Vision, die Petrus, Jakobus und Johannes zuteil wird: Jesus in der Mitte, in strahlend weissem Gewand, Elia und Mose daneben, die sich von beiden Seiten leicht zu ihm hinneigen. Die liegenden Jünger rechts und links deuten darauf hin, dass der Maler nach dem Matthäusevangelium gemalt hat, das erzählt, sie seien vor Schreck auf ihr Angesicht gefallen. Nach dem Lukasevangelium hingegen haben sie geschlafen. Keines der Evangelien erwähnt allerdings die Tücher (Teil ihrer Kleidung?), mit denen sie teilweise ihre Gesichter verhüllen. Die Geste könnte zur Version des Matthäus passen: Wenn sie vor Schreck und Ehrfurcht zu Boden fallen, ist es ganz natürlich, dass sie ihr Gesicht verhüllen. So tat Mose, als Gott ihn aus dem brennenden Dornbusch ansprach (2. Mos 3,6). Auch der Prophet Jesaja erschrak zu Tode, weil er in seiner Berufungsvision den Herrn der Heerscharen mit seinen Augen gesehen hatte (Jes 6,5). Kein Mensch kann Gottes Anblick ertragen, und mit der Herrlichkeit Jesu verhält es sich offenbar ähnlich. Trotzdem aber schauen die Jünger aus ihren Verhüllungen hervor. Nach der Theologie des Bernhard von Clairvaux, die das Bildprogramm der Zilliser Decke inspiriert hat, können Jesu Vertrautesten schon im irdischen Leben Momente der himmlischen Schau geschenkt werden, ganz selten nur und kurz. Doch auch die Vertrautesten können ihr Licht kaum ertragen. Genau das will der Maler ausdrücken Den Jüngern wird ein aussergewöhnliches Erlebnis geschenkt, eine Vision. Sie dürfen Jesus in seiner Herrlichkeit schauen. Sie sehen Mose und Elia, die wohl berühmtesten Gestalten Israels, mit Jesus reden. Ihr Erscheinen ist den Jüngern eine Bestätigung, dass Jesus tatsächlich der erwartete Messias ist. Seine Aussage, er müsse leiden und sterben, hatte die Jünger verwirrt und sie beinahe zum Zweifeln gebracht. Doch nun, da sie Elia bei ihm sehen, dessen Wiederkunft vor dem Anbruch von Gottes Reich erwartet wurde (Mal 4,5), und sie Jesus als göttlichen König sehen dürfen, ist alles wieder klar – und die Leidensankündigung Jesu wohl bereits wieder vergessen...

Wie meistens ist es Petrus, der ausspricht, was alle bewegt: Diesen wundervollen Augenblick von Jesu Herrlichkeit möchte er festhalten. Bei diesem strahlenden König möchte er bleiben. Darum schlägt er vor, Hütten zu bauen. Doch da ist das besondere Bild schon weg, wie von einer Wolke verschluckt, und eine Stimme bestätigt ihnen das Gesehene und fordert sie auf, auf Jesus zu hören. Er befiehlt ihnen, vorläufig mit niemandem über ihre Vision zu sprechen.

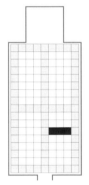

Tafel: 124

Und nach sechs Tagen nimmt Jesus den Petrus, den Jakobus und den Johannes mit und führt sie auf einen hohen Berg, sie allein. Da wurde er vor ihren Augen verwandelt, und seine Kleider wurden glänzend, ganz weiss, wie kein Färber auf Erden sie weiss machen kann. Und es erschien ihnen Elia mit Mose, und sie redeten mit Jesus. Da ergreift Petrus das Wort und sagt zu Jesus: Rabbi, es ist gut, dass wir hier sind. Wir wollen drei Hütten bauen, eine für dich, eine für Mose und eine für Elia. Er wusste nämlich nicht, was er sagen sollte, denn sie waren in Furcht geraten. Da kam eine Wolke und warf ihren Schatten auf sie, und aus der Wolke kam eine Stimme: *Dies ist mein geliebter Sohn. Auf ihn sollt ihr hören!*

Evangelium nach Markus, 9,2-7

Der König auf dem geliehenen Esel

Tafeln: 127, 128, 129

Dass es ausgerechnet ein Esel ist, auf dem Jesus in Jerusalem einzieht, hat seinen Grund in einem Wort aus dem Buch des Propheten Sacharja: *Frohlocke laut, Tochter Zion! Jauchze, Tochter Jerusalem! Siehe, dein König kommt zu dir; gerecht und siegreich ist er. Demütig ist er und reitet auf einem Esel, auf dem Füllen einer Eselin* (9,9). Der Esel ist Programm: Der König, der auf dem Tier der Demut reitet, muss ein ganz besonderer König sein. Tafel 126 zeigt nur Jesus auf dem Esel. Seine Hand weist vorwärts auf das, was noch kommt, auf sein Leiden und Sterben, auf das Kreuz. Nicht nur in seinem Nimbus ist (wie auf allen Bildern) das Kreuz zu erkennen, sondern auch im Gesamteindruck des Bildes: Die Gestalt Jesu betont die Vertikale, der Esel die Horizontale.

Die Leute jubeln. Anstelle eines roten Teppichs legen sie ihre Mäntel auf die Strasse (Tafel 127). Von den Bäumen schneiden sie Zweige und streuen diese auf die Strasse oder winken damit dem einziehenden König zu (Tafeln 128 und 129). In Jerusalem mögen es Palmzweige gewesen sein. In Zillis wachsen keine Palmen, doch auch hier hat man am Palmsonntag Zweige geschnitten und sie in der Prozession mitgetragen: Weidenkätzchen hat der Maler dargestellt. Diese heissen im Schamser Romanisch heute noch «palmets», in andern romanischsprachigen Gegenden Graubündens «palmas» und in einigen Prättigauer Gemeinden «Palma», weil man sie für die Palmsonntagsprozession anstelle von Palmenzweigen gebraucht hat.

Die Leute jubeln ihrem König zu, erwarten von ihm Hilfe und freuen sich schon auf die Neuauflage von Davids Königreich. Haben sie gar nichts verstanden? Oder wollen sie nicht verstehen? – Wie ernst ist ihr Jubel zu nehmen? Es wird kaum fünf Tage dauern, da sind all jene, die Jesus beim Einzug in Jerusalem noch zugejubelt haben, wie vom Erdboden verschluckt oder doch mindestens so eingeschüchtert, dass sie nichts mehr sagen. Vielleicht war ihr Jubel auch gar nicht so ernst gemeint: Einer hatte angefangen, die andern stimmten ein, ohne recht zu wissen, worum es eigentlich ging. Sie waren dabei, schrieen mit und fühlten sich stark. Es können dieselben gewesen sein, die später auf die Frage des Pilatus, was er mit dem König der Juden machen solle, lauthals mitschrieen: *Kreuzige ihn!*, ebenso lauthals, wie sie an Palmsonntag ins *Hosanna* eingestimmt hatten. – Der Maler oder der Schöpfer des Bildprogramms hat dem Palmsonntagsjubel immerhin drei Bilder gewidmet. Das zwingt die Betrachter, eine Weile über diesen Jubel nachzudenken, und wohl auch darüber, wo sie mitjubeln und wo nicht.

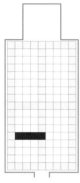

Tafel: 126

Und als sie in die Nähe von Jerusalem kommen, nach Betfage und Betanien an den Ölberg, sendet er zwei seiner Jünger aus und spricht zu ihnen: Geht in das Dorf, das vor euch liegt, und gleich wenn ihr hineinkommt, werdet ihr ein Füllen angebunden finden, auf dem noch nie ein Mensch gesessen hat. Bindet es los und bringt es her! Und wenn jemand zu euch sagt: Was tut ihr da?, so sprecht: Der Herr braucht es und schick es gleich wieder zurück. Da gingen sie und fanden ein Füllen, angebunden an einer Tür draussen an der Strasse, und sie binden es los. Und einige von denen, die dort standen, sagten zu ihnen: Was tut ihr da, dass ihr das Füllen losbindet? Sie aber redeten zu ihnen, wie Jesus ihnen gesagt hatte, und man liess sie gewähren. Und sie bringen das Füllen zu Jesus und legen ihre Kleider darüber, und er setzte sich darauf. Und viele breiteten ihre Kleider aus auf dem Weg, andere streuten Zweige, die sie auf den Feldern abgeschnitten hatten. Und die vorangingen und die hinterhergingen, schrien: *Hosanna, gepriesen sei, der da kommt im Namen des Herrn!* Gepriesen sei das Reich unseres Vaters David, das da kommt, *Hosanna in der Höhe!* Und er kam nach Jerusalem in den Tempel. Er schaute sich ringsum alles an und ging, da es schon spät war, mit den Zwölfen nach Betanien hinaus.

Evangelium nach Markus, 11,1-11

Mein Haus soll ein Haus des Gebets sein!

Tafeln: 130, 131

Jesu Weg führt in den Tempel, zum Opfermarkt im äusseren Vorhof. Die Pilger, die von weit her kommen, können ihre Opfertiere nicht mitbringen, sind also auf eine Gelegenheit angewiesen, geeignete Tiere kaufen zu können. Auch Wechsler braucht es im Tempelvorhof, da die Tempelsteuer nicht in heidnischer Währung entrichtet werden darf. Wenn Jesus diesen gesamten Marktbetrieb abstellt und sogar verbietet, dass (Opfer)gefässe durch den Tempel getragen werden, so verlangt er damit nichts Geringeres als die grundsätzliche Abschaffung des Opfers. – Die jetzige Tafel 130 mit den beiden Priestern ist wohl eher nach Tafel 132 einzuordnen: Entsetzt weichen die Priester vor Jesus zurück. Er gefährdet ihre Existenz, wenn er das Opfer abschafft! Was sollen sie ohne Opfer mit ihrem Weihrauchgefäss, dem Weihwedel und den Weihrauchkörnern? Interessant ist, dass der Maler diesen israelitischen Priestern eine Klerikerfrisur (Tonsur) gemalt und ihnen aus dem christlichen Gottesdienst vertraute Gegenstände in die Hand gegeben hat. Offensichtlich erlaubt er sich da ein wenig Kirchenkritik am Kultbetrieb seiner Zeit. Was Jesus im Tempel tat, hätte auch die Kirche nötig. Diese Kritik ist ganz im Sinne Bernhards. Vielleicht ist das auch der Grund, warum nur der Tisch mit dem Geld dargestellt wird: Vor allem eine Reinigung vom Mammondienst hätte die Kirche seiner Zeit nötig gehabt. Kritik am Opferkult wird bereits im Alten Testament laut (Psalm 50,12f.; Amos 5,21–25; Jesaja 1,11ff.). Ein Opferkult läuft immer Gefahr, mit Gott ein Geschäft machen zu wollen. – Der Maler hat hier nur den Aspekt des Geldes ins Bild gebracht. Den gekippten Tisch zeichnet er demonstrativ vor die Tempelkuppel, offenbar will er andeuten, wie eng Tempel bzw. Kirche mit Geld zu tun hat. Richtet sich die Kirche mehr nach dem Geld als nach ihrem Herrn? Oder droht etwa Geld die Stelle des Heiligtums einzunehmen? In der Kirche zur Zeit Bernhards war vor allem Ämterkauf ein verbreiteter Missbrauch. Doch die Kirche muss sich die Frage nach ihrem Umgang mit dem Geld immer wieder stellen lassen. Kirche und Geld können zu einer unheiligen Allianz werden. Dieser Gefahr war sich Jesus bewusst, als er seine Jünger ohne materielle Absicherung losschickte, um in seinem Sinn und Geist zu wirken (vgl. Tafeln 120 und 121). Er war überzeugt, dass niemand zwei Herren dienen könne: *Denn entweder wird er den einen hassen und den andern lieben oder er wird sich an den einen halten und den andern verachten. Ihr könnt nicht Gott dienen und dem Mammon* (Mat 6,24).

Tafel: 132

Und sie kommen nach Jerusalem. Und als er in den Tempel hineinging, begann er, alle hinauszutreiben, die im Tempel verkauften und kauften. Die Tische der Geldwechsler und die Stände der Taubenverkäufer stiess er um und liess nicht zu, dass jemand irgendetwas über den Tempelplatz trug. Und er lehrte sie und sprach: Steht nicht geschrieben: *Mein Haus soll Haus des Gebets heissen für alle Völker?* Ihr aber habt es zu einer *Räuberhöhle* gemacht! Und die Hohepriester und Schriftgelehrten hörten davon und suchten, wie sie ihn umbringen könnten. Denn sie fürchteten ihn, weil das ganze Volk begeistert war von seiner Lehre. Und als es Abend wurde, gingen sie hinaus aus der Stadt.

Evangelium nach Markus, 11,15-19

Der Verräter

Tafel: 133

Auf die Tempelreinigung folgt eine Darstellung von der Bestechung des Judas, ein selten aufgegriffenes Motiv. Schon wieder geht es um das Thema Mammon. Der Hohepriester Kajafas – an seinem Gewand mit reich verzierten Borten ist er gut zu erkennen – hat das Geld gerüstet und übergibt es nun einem Helfer, der es Judas bringen soll. Die nächste Tafel zeigt, wie dieser das Geld vor Judas ausgeschüttet hat. Der scheint zu fragen: Ist das alles? Wer nachzählt, stellt fest, dass erst 22 der 30 Silberlinge auf dem Tisch liegen. Die beiden scheinen miteinander zu markten. Davon steht allerdings nichts in den Evangelien.

Judas hält immer noch die Schriftrolle in seiner linken Hand. Sein Nimbus ist merkwürdig dunkel, fast schwarz geworden: Seine frühere Ausstrahlung verkehrt sich langsam ins Gegenteil. Das Lukasevangelium berichtet, der Satan sei in Judas gefahren (22,3). Abgesehen vom dunkeln Nimbus unterscheidet sich seine Darstellung kaum von derjenigen der andern Jünger. Das ist aussergewöhnlich, denn die Gestalt des Judas wird im Mittelalter gern als Symbolfigur des Juden verstanden und sein Bild immer mehr mit negativen Aspekten versehen. Hier erscheint die Gestalt des Judas eher als Symbolfigur des ungetreuen Christen, der sich durch die Macht des Geldes verführen lässt. Diese Darstellungsweise entspricht durchaus der Sicht Bernhards.

Judas hat Jesus verraten, so steht es in den Evangelien. Doch was hat er eigentlich verraten? Den Aufenthaltsort Jesu im Garten Getsemani? Hat er verraten, was Jesus weiterzusagen verboten hatte, etwa dass er der Messias sei? Ging es Judas wirklich ums Geld? Matthäus (27,3ff.) erzählt, Judas habe die 30 Silberstücke wieder zurückgebracht, nachdem er erfahren hatte, dass Jesus verurteilt sei. Die Geschichten über Judas zeichnen kein einheitliches Bild von ihm. Nach dem Johannesevangelium wäre tatsächlich Geldgier sein Motiv gewesen. Es ist allerdings auch schon vermutet worden, Judas sei der allerbeste Freund von Jesus gewesen und hätte durch seinen Verrat den Anbruch von Gottes Reich beschleunigen wollen, indem er entweder Jesus zwingen wollte, sich endlich in seiner Herrlichkeit zu offenbaren, oder Gott zwingen wollte, seinem Sohn endlich zu Hilfe zu eilen. – Vielleicht war er auch nur enttäuscht, dass Jesus es abgelehnt hatte, ein König zu sein wie sein berühmter Vorfahr David, sondern sich als König in Knechtsgestalt verstand und den Weg des Leidens und Sterbens einschlagen wollte.

Tafel: 134

Da versammelten sich die Hohepriester und die Ältesten des Volkes im Palast des Hohepriesters, der hiess Kajafas, und sie beschlossen, Jesus mit List festzunehmen und zu töten.

Da ging einer von den Zwölfen, der Judas Iskariot hiess, zu den Hohepriestern und sagte: Was wollt ihr mir geben, wenn ich ihn an euch ausliefere? Und sie vereinbarten mit ihm dreissig Silberstücke. Von da an suchte er eine günstige Gelegenheit, ihn zu verraten.

Evangelium nach Matthäus, 26,3-4.14-16

Zwei Zeichen:
Abendmahl und Fusswaschung

Tafeln: 136, 137

An jener Stelle in der Passionsgeschichte, an der die drei ersten Evangelien vom Abendmahl erzählen, findet sich im Johannesevangelium die Geschichte von der Fusswaschung. Beide Überlieferungen erzählen, dass Jesus mit seinen Jüngern das Passamahl gefeiert habe. Bei diesem Festmahl erinnert man sich an die Befreiung der Israeliten aus der ägyptischen Sklaverei. Einzelne Speisen haben symbolische Bedeutung. Mit einer Art Frage-Antwort-Spiel wird im Laufe des Abends die Geschichte von Israels Befreiung erzählt. Im Rahmen dieses Mahls, bei dem auch Brot (Mazze) gebrochen und Wein getrunken wird – übrigens schenkt man auch einen Becher für den Propheten Elia ein –, gibt Jesus dem gebrochenen Brot und dem Wein eine besondere Bedeutung: *Mein Leib, mein Blut.* – Will der Maler überhaupt das Abendmahl darstellen, oder geht es ihm nur um die Fusswaschung im Rahmen des Passamahls und um den Bissen, den Jesus dem Judas reicht?

Jesus setzt ein Zeichen, wenn er den Jüngern die Füsse wäscht. Neu ist es nicht, was er damit ausdrücken will: In Gottes Reich zählt nicht Macht; wer dient, ist der Grösste. Petrus und der Jünger neben ihm haben offensichtlich Mühe damit, dass Jesus ihnen die Füsse waschen will. Andern die Füsse zu waschen, ist doch Sklavenarbeit. Indem Jesus diese Sklavenarbeit tut, erweist er sich als dienender Messias. Er lehrt nicht nur, er führt auch aus, was er sagt. Für alle augenfällig und eindrücklich demonstriert er, dass er als Meister sich nicht zu gut ist, seinen Jüngern die Füsse zu waschen. Er setzt damit auch ein Zeichen der Gemeinschaft: *Wenn ich dich nicht wasche, hast du keinen Anteil an mir.* Jesus erwartete von seinen Jüngern, dass sie aneinander so handeln, wie er es getan hat. Er verlangt von den Seinen rückhaltlose Dienstbereitschaft. Am Gründonnerstag wird die Fusswaschung in katholischen und orthodoxen Kathedralen vom Bischof an ausgewählten Armen und in Klöstern vom Abt an den Mönchen vollzogen. Auch der Papst übt diesen Brauch. Der Reformator Martin Luther witterte im liturgischen Brauch der Fusswaschung eine Verführung zur Heuchelei und lehnte ihn ab. Täufer, besonders die Mennoniten, und anfänglich auch die Anglikanische Kirche pflegten diesen Brauch. In der Brüdergemeinde war die Fusswaschung bis 1818 Sitte; man nannte sie die «kleine Taufe». In Mailand, Afrika und Gallien begegnet man der Fusswaschung im Zusammenhang mit dem Anlegen des weissen Taufkleides. Bernhard von Clairvaux sah in der Fusswaschung ein «Sakrament zur Vergebung der täglichen Sünden».

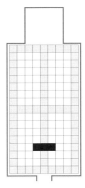

Tafel: 135

Vor dem Passafest aber wusste Jesus, dass seine Stunde gekommen war, aus dieser Welt zum Vater hinüberzugehen, und da er die Seinen in der Welt liebte, erwies er ihnen seine Liebe bis zur Vollendung. Und während eines Mahles, als der Teufel dem Judas Iskariot, dem Sohn des Simon, schon ins Herz gelegt hatte, ihn zu verraten – er wusste, dass ihm der Vater alles in die Hände gegeben hatte und dass er von Gott ausgegangen war und zu Gott weggeht –, steht er vom Mahl auf und zieht das Obergewand aus und nimmt ein Leinentuch und bindet es sich um; dann giesst er Wasser in das Becken und fängt an, den Jüngern die Füsse zu waschen und sie mit dem Tuch, das er sich

umgebunden hat, abzutrocknen. Nun kommt er zu Simon Petrus. Der sagt zu ihm: Herr, du wäschst mir die Füsse? Jesus entgegnete ihm: Was ich tue, begreifst du jetzt nicht, nachher aber wirst du es verstehen. Petrus sagt zu ihm: In Ewigkeit sollst du mir nicht die Füsse waschen! Jesus antwortete ihm: Wenn ich dich nicht wasche, hast du keinen Anteil an mir. Simon Petrus sagt zu ihm: Herr, nicht nur meine Füsse, sondern auch die Hände und den Kopf!

Evangelium nach Johannes, 13,1-9

Judas

Judas, der Verräter, ist hier ohne Nimbus und wie alles Böse im Profil gemalt. Auffällig ist, dass er mit den andern Jüngern am Tisch sitzt. Eine verbreitetere Darstellung lässt ihn ganz allein auf der andern Seite des Tisches sitzen. – Ein Vergleich der vier Evangelien zeigt, dass der Verräter mit fortschreitendem zeitlichem Abstand zu den Geschehnissen immer negativer und teuflischer gezeichnet ist. Markus nennt keinen Namen für den Verräter, es ist einfach einer von den Seinen, einer der mit ihm am Abendmahl teilnimmt. Alle sind betroffen und fragen: *Doch nicht ich?* Lukas erzählt bereits, Judas habe Jesus verraten, weil der Satan in ihn gefahren sei (22,3). Johannes spinnt den Faden noch etwas weiter: Er lässt Jesus ihn schon früher *einen Teufel* nennen (6,70f). Matthäus will wissen, dass Judas geldgierig gewesen sei (26,14–16), und Johannes erzählt, er wäre betrügerisch mit dem Geld der Gemeinschaft umgegangen (12,4–6). Bei Johannes scheint bereits durch, dass in Judas die Juden mitgemeint sind. Johannes schreibt *die Juden* und meint damit Jesu Gegner. Er will nicht mehr wahrhaben, dass auch Jesus ein Jude ist, und nährt damit den christlich verbrämten Antijudaismus. Johannes erzählt die Geschichte so, als ob Jesus dem Judas mit dem Brot gleichsam den Satan eingegeben habe (Joh 13,26f). Das passt in keiner Weise mit dem zusammen, was Johannes und die anderen Evangelien sonst von Jesus erzählen. Die Zilliser Deckenbilder stellen Judas als Christen dar, der die Sache seines Herrn verrät: Er sitzt mitten unter den Jüngern, gehört zu ihnen und wird schliesslich doch zum Verräter. Bernhard von Clairvaux legt in einer Osterpredigt die Sache mit dem Judasbissen frei aus: Für ihn besteht kein Zusammenhang zwischen dem Bissen, den Jesus dem Judas reicht, und dem Satan, der in ihn fährt. Judas empfängt mit den andern das Abendmahl, und wird nachher trotzdem zum Verräter. Eine noch so innige Verbundenheit mit Jesus kann nicht davor bewahren, einmal doch zum Verräter an ihm und an seiner Sache zu werden. Die Tafeln 136 und 137 wollen also weniger eine vergangene Geschichte erzählen, als vielmehr die Betrachter zur kritischen Selbstprüfung einladen: *Bin ich es?* Jeder und jede ist Judas, der gefährdete Jünger. Christsein ist kein Besitz, sondern ein Weg.

Tafel: 137

Nachdem Jesus dies gesagt hatte, wurde er im Geist erregt und legte Zeugnis ab und sprach: Amen, amen, ich sage euch, einer von euch wird mich verraten. Die Jünger schauten einander an, weil sie im Ungewissen waren, von wem er redete. Einer von den Jüngern Jesu lag an seiner Brust, der, den Jesus liebte. Diesem nun winkt Simon Petrus zu, er solle herausfinden, wer es sei, von dem er rede. Da lehnt sich jener an die Brust Jesu zurück und sagt zu ihm: Herr, wer ist es? Jesus antwortet: Der ist es, dem ich den Bissen eintauchen und geben werde. Dann taucht er den Bissen ein, nimmt ihn und gibt ihn Judas, dem Sohn des Simon Iskariot. Und nachdem er den Bissen genommen hatte, fuhr der Satan in ihn. Da spricht Jesus zu ihm: Was du tust, das tue bald! Niemand am Tisch merkte, wozu er ihm das sagte. Denn einige meinten, weil Judas die Kasse hatte, sage Jesus zu ihm: Kaufe, was wir für das Fest brauchen, oder für die Armen, um ihnen etwas zu geben.

Evangelium nach Johannes, 13, 21-30

Jesu schwerste Stunde

Tafel: 139

Tafel 138 zeigt Jesus im Gebet. Der Ölberg ist als richtiger Berg dargestellt, ähnlich dem Berg der Versuchung (vgl. Tafel 101). Auch hier geht es um eine Versuchung: Kann Jesus sich dazu durchringen, Gottes Willen zu folgen und bis zuletzt, bis zum Tod am Kreuz, den Weg des demütigen Königs zu gehen? Er ist kein Held. Er hat Angst. Seine Kraft reicht nicht aus, um diesen Weg bis zum bittern Ende zu gehen. Darum betet er. Auch im Gebet kommt seine Demut zum Ausdruck: *Nicht mein Wille, sondern der deine geschehe.* Jesus versucht nicht, mit seinem Beten Gott zu überreden, ihn einen weniger schweren Weg gehen zu lassen, vielmehr ringt er sich dazu durch, sich Gottes Willen zu beugen. Die Verse 43 und 44 des 22. Kapitels, die von einem Engel erzählen, der Jesus im Garten Getsemani beigestanden habe, stehen nicht in allen Handschriften des Lukasevangeliums. Der Maler dieser Tafel hat offenbar Vers 43 gekannt und sein Bild dementsprechend gestaltet. Er malt allerdings nicht den Engel. Bereits bei Tafel 63 wurde deutlich, dass der Schöpfer des Bildprogramms der Zilliser Decke den Engel als Symbol sieht. Darum werden die Weisen von einem Engel geleitet. Darum erscheint Jesus hier am Ölberg ein göttliches Licht, dasselbe, das bereits über der Krippe mit dem Neugeborenen geleuchtet hatte (Tafel 60). Der rote Rand ist schmaler geworden, dafür erscheint jetzt eine Blume im Innern. Jesus hält seine Hand empfangend zu diesem Licht ausgestreckt. Genauso streckt Maria bei ihrer Berufung dem göttlichen Licht, das vom Engel ausgeht, ihre Hand entgegen (Tafel 55). Jesus bekommt von Gott die Kraft, die er für seinen Weg braucht.

Tafel 139 zeigt fünf schlafende Jünger, stellvertretend für alle elf. Sie verschlafen es, mit ihrem Meister zu wachen. Sie verschlafen, dass er Hilfe braucht, sie verschlafen seinen innern Kampf. Wächst ihnen alles über den Kopf mit diesem König, der nicht so sein will, wie sie ihn sich vorgestellt haben? Fliehen sie gleichsam in den Schlaf, verschliessen sie die Augen vor dem, was sie nicht sehen wollen? Nach der Erzählung des Markus- und des Matthäusevangeliums kommentiert Jesus das Schlafen der Jünger mit den Worten: *Der Geist ist willig, das Fleisch aber schwach* (Mark 14,38). Jesus hatte sie aufgefordert, zu beten, damit sie nicht in Versuchung kämen. Sie hätten das Gebet nicht weniger nötig gehabt als er, doch sie schlafen. Als Jesus zurück kommt, wiederholt er die Mahnung zu beten. – Lässt der Künstler diese Jünger wohl als Mahnung an die Kirchenbesucher so demonstrativ schlafen?

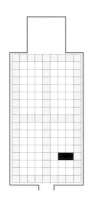

Tafel: 138

Und er ging hinaus und begab sich auf den Ölberg, wie es seine Gewohnheit war, und auch die Jünger folgten ihm. Als er aber dort angelangt war, sprach er zu ihnen: Betet, dass ihr nicht in Versuchung kommt! Und er selbst entfernte sich etwa einen Steinwurf weit von ihnen, kniete nieder und betete: Vater, wenn du willst, lass diesen Kelch an mir vorübergehen. Doch nicht mein Wille, sondern der deine geschehe. Da erschien ihm ein Engel vom Himmel und stärkte ihn. Und er geriet in Todesangst und betete inständiger, und sein Schweiss tropfte wie Blut zu Erde. Und er stand auf vom Gebet, ging zu den Jüngern und fand sie eingeschlafen vor Traurigkeit. Und er sprach zu ihnen: Was schlaft ihr? Steht auf und betet, dass ihr nicht in Versuchung kommt!

Evangelium nach Lukas, 22,39-46

Zweierlei Verrat an Jesus: Petrus und Judas

Tafeln: 140, 141, 143

Feinde umgeben Jesus von allen Seiten: Da sind auf den Tafeln 140 und 143 die Knechte der Priester in übertrieben anmutender Bewaffnung: Sie tragen Äxte, Fackeln und Morgensterne. Einer hat sogar eine Sichel auf einen Stil gesteckt. Doch auch Petrus ist bewaffnet: Er verrät die Sache Jesu, indem er mit dem Messer – Markus erzählt zwar von einem Schwert – auf Malchus, dem Knecht des Hohepriesters, kniet und ihm das Ohr abschneidet (Tafel 141). Der Verräter Judas umarmt und küsst Jesus (Tafel 142). Auf der andern Seite hat ein Knecht der Priester Jesus am Arm gepackt, um ihn zu verhaften. Doch Jesus wendet sich nur Judas zu. Weder Jesus noch Judas sind ganz gemalt, jeder scheint irgendwie hinter dem andern zu verschwinden. Jesus hat wenigstens zwei Füsse. Judas hat nur einen, und mit diesem tritt er Jesus auf den Fuss. Kann Judas nicht auf eigenen Füssen stehen? Oder deutet der Maler damit an, dass Judas Jesus nicht mehr antun kann, als ihm ein wenig auf die Füsse zu treten? Oder soll damit ausgesagt werden, dass er die von Jesus gelebte Liebe und Gnade mit Füssen tritt? Judas ist – in üblicher Weise für einen Bösen – im Profil gemalt. Seine Gestalt ist in merkwürdiger Weise mit derjenigen Jesu verschmolzen: Wenn man nur auf die Form schaut, sieht es fast so aus, als hätten sie ein gemeinsames Gewand. Unten ist es merkwürdig aufgeblasen, wie sonst das Gewand der Engel. Bis zur Dornenkrönung wird Jesu Gewand so dargestellt. Gott steht in besonderer Weise hinter den Trägern dieser aufgebauschten Gewänder. Wenn Jesus seiner Botschaft von Gottes Liebe, die jedem Menschen gilt, treu bleiben will, gibt es für ihn nur den Weg ans Kreuz. Sogar Judas muss ihm dabei helfen. Jesus ist auf Judas angewiesen, Judas allerdings auch auf Jesus. Darum sind beide fast wie eine einzige Figur gemalt. Ihre Füsse kommen aus dem Bild heraus auf die Betrachter zu. Es ist mehr als eine alte Geschichte aus der Vergangenheit, die da erzählt wird. Sie will lebendig werden, hier und heute. – Jesus zeigt an Judas vorbei auf das Tun des Petrus, als wollte er sagen: Auch das ist Verrat an meiner Sache. Gewalt ruft nach Gegengewalt, steigert sich und wird immer schlimmer. Jesus hat auf Liebe und Gnade gesetzt, auf Einsicht. Wer ihm nachfolgen will, soll sein Kreuz auf sich nehmen. Nicht weil Jesus es befiehlt, sondern weil die Nachfolgenden einsehen, dass dies der zukunftsträchtigere Weg ist als jener von Macht, Gewalt und Zwang. – Jesus deutet mit seinem Leib und den ausgestreckten Armen bereits das Kreuz an.

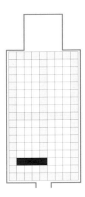

Tafel: 142

Und sogleich, noch während er redet, kommt Judas herzu, einer von den Zwölfen, und mit ihm eine Schar mit Schwertern und Knüppeln, von den Hohepriestern und Schriftgelehrten und Ältesten. Der ihn aber verriet, hatte mit ihnen ein Zeichen verabredet: Den ich küssen werde, der ist es. Den nehmt fest und führt ihn sicher ab. Und er kommt und geht sogleich auf ihn zu und sagt: Rabbi!, und küsste ihn. Sie aber legten Hand an ihn und nahmen ihn fest.

Evangelium nach Markus, 14,43-46

Bist du ein König?

Mit drei Königsbildern hatte die Darstellung der Jesusgeschichten begonnen, mit drei Königsbildern erreicht sie ihren Höhe- und Schlusspunkt. Alle Könige – die Vorfahren, die Weisen, Herodes – müssen sich am König mit der Dornenkrone messen lassen. Die Zilliser Decke zeigt kein Bild von Jesu Kreuzigung. Dennoch ist das Kreuz allgegenwärtig: Durch die doppelte Borte von Mustern entsteht an der Decke ein Kreuz, im Nimbus Jesu erscheint es von seiner Geburt an, hier bei den letzten Bildern ist es auch auf den Rahmen gemalt. Auf den Tafeln 142, 144 und 145 ist unverkennbar, dass Jesus selbst das Kreuz mit seinen Armen markiert, auf dem Bild von der Dornenkrönung unterstützen ihn dabei sogar seine Peiniger. Das Kreuz ist mehr als ein Stück Holz. Das Kreuz ist Hoheitszeichen des Königs mit der Dornenkrone. Es steht über seinem gesamten Leben und Wirken. Es steht auch über den Kirchenbesuchern.

Tafel 144 zeigt das Verhör vor Pilatus. Es geht um die Frage: Bist du der König der Juden? Jesus ist eben dabei, sich von Pilatus ab – und den Kirchenbesuchern zuzuwenden, als wollte er die Frage weiter geben: Bin ich ein König? Bin ich dein König? Auf den Tafeln 145 und 146 wendet er sich den Betrachtern frontal zu. Im romanischen Stil drückt die Frontaldarstellung immer Majestät aus. Obwohl er verspottet und gequält wird, hat er etwas würdevoll Majestätisches an sich. Lächerlich wirkt nicht Jesus, sondern seine Peiniger, vor allem der Mann im grünen Kleid mit seinem Kniefall. Die Peiniger sind vornehm gekleidet: Sie tragen Schuhe, nicht nur Sandalen, und ihre Gewänder sind mit Borten verziert wie das Kleid des Pilatus oder die Gewänder der Knechte des Hohenpriesters (Tafeln 140 und 143). Nicht das Gewand macht die Königswürde aus, sondern die innere Haltung. Ganz ruhig steht Jesus da, als ginge ihn das alles nichts an. Er schaut nicht auf seine Peiniger, sondern auf die Kirchenbesucher, unabhängig ob sie direkt unter ihm stehen oder nicht. Zudem bleibt er nicht in seinem Bilderrahmen: Jetzt geht es um mehr als um eine alte, vergangene Geschichte: Jesus *ist* König. Ein verspotteter zwar, doch er bewirkt weit mehr als etwa ein König wie Herodes, der seine Herrschaft nur mit Gewalt halten kann. Jesus hat Menschen die Hand gereicht, dass sie wieder zum aufrechten Gang finden, er hat Leben geschenkt. Dazu steht er auch jetzt noch, da er verlacht und verspottet wird. Mit der Linken weist er auf seinen Peiniger, als wollte er sagen: *Vater, vergib ihnen! Denn sie wissen nicht, was sie tun!* Und zu den Kirchenbesuchern scheint er zu sagen: Ja, ich bin ein König, ein König in Knechtsgestalt. Meine Herrlichkeit besteht in Niedrigkeit. Ich bin auch *dein* König. Lass dich nicht anfechten durch jene, die das nicht verstehen und sich über mich und dich lustig machen...

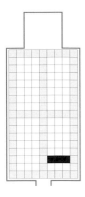

Tafel: 145

Und gleich am Morgen fassten die Hohepriester mit den Ältesten und Schriftgelehrten, der ganze Hohe Rat, einen Beschluss, fesselten Jesus, führten ihn ab und lieferten ihn an Pilatus aus. Und Pilatus fragte ihn: Bist du der König der Juden? Er aber antwortete ihm: Das sagst du!

Und sie zogen ihn aus und legten ihm einen purpurroten Mantel um und flochten eine Krone aus Dornen, setzten sie ihm aufs Haupt und gaben ihm ein Rohr in die rechte Hand. Sie fielen vor ihm auf die Knie und verspotteten ihn: Sei gegrüsst, König der Juden!

Evangelium nach Markus, 15,1-2;
Evangelium nach Matthäus, 27,28-29

Der König der Könige mit der Dornenkrone

Jesus scheint gegenüber dem letzten Bild gewachsen zu sein. Seine Peiniger sind im Vergleich zu ihm klein dargestellt, ein gebräuchliches Stilmittel, um ihre Minderwertigkeit auszudrücken. Sie müssen sich schon strecken, um ihm die Dornenkrone aufzusetzen. Sie wollen ihn damit lächerlich machen. Für die Menschen der Bibel sind Dornen das typische Unkraut. Die Krone sticht nicht nur, sie ist aus Unkraut. Ein Unkrautkönig! – So wie sich die beiden Peiniger anstellen, Jesus die Krone aufzusetzen, entsteht der Eindruck, dass sie sich selber wohl mehr stechen, als den, den sie damit verlachen wollen. Genau wie die Unkrautkrone soll auch das Schilfrohr Jesus der Lächerlichkeit preisgeben. Doch er hält es behutsam und würdevoll. Es kommt ihm wohl gar nicht so ungelegen, versteht er sich doch als der im Alten Testament prophezeite Gottesknecht, *der glimmenden Docht nicht auslöscht und geknicktes Rohr nicht zerbricht* (Jesaja 42,3). Jesus trägt Dornenkrone und Schilfrohr wie ein König Krone und Szepter. Diese für einen König ungewöhnlichen Attribute unterstreichen sein ganz besonderes Königtum: Jesus setzt nicht auf Macht und Gewalt, nicht auf Prunk und Grösse, sondern auf Gnade, Liebe und Vergebung, nicht auf Zwang, sondern auf Überzeugung.

Mit diesem Bild erreicht der Jesus-Zyklus seinen Höhe- und Schlusspunkt, den krönenden Abschluss. Die Dornenkrone, die hier sogar seinen Nimbus ersetzt, verdeutlicht die besondere Königswürde Jesu. Auf keinem Bild ist Jesus so gross gemalt wie auf diesem: Seine Demut macht seine Grösse aus. Seine Demut ist kein Zeichen von Schwäche; sie braucht weit mehr Mut als jede Gewalt und kann viel mehr zum Guten bewirken.

Jesus steht da als König, hoheitsvoll, fast wie auf anderen Bildern der Auferstandene. Nur dass jener jeweils nicht ein Schilfrohr in der Hand hält, sondern eine Siegesfahne. Das Schilfrohr *ist* Jesu Siegeszeichen. Jesus wird zwar getötet, doch das, was er getan hat, das, wofür er gelebt hat, lässt sich mit Gewalt nicht aus der Welt schaffen, denn hinter ihm steht Gott. Das von unten her aufgeblasene Gewand, ähnlich demjenigen der Engel, lässt dies erahnen (vgl. Tafeln 1, 9, 54, 57, 63, 74, 83). Auf seine Weise majestätisch steht Jesus da, den Kirchenbesuchern zugewandt, der König all derer, die zu ihm aufschauen. Ostern bedeutet, zu ihm aufzuschauen, sich von ihm den Weg weisen zu lassen; ihm nachzufolgen. Da braucht es kein Osterbild der üblichen Sorte, das ein leeres Grab oder eine Begegnung mit Maria Magdalena zeigt. Die Begegnung mit dem Auferstandenen, dem Lebendigen, ist – ganz im Sinne Bernhards von Clairvaux – die Begegnung mit dem König, der die Dornenkrone trägt.

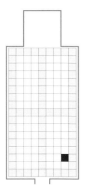

Tafel: 146

Mir ist gegeben alle Macht im Himmel und auf Erden.
Evangelium nach Matthäus, 28,18b

Die Martinslegende als Osterbotschaft

Das Bildprogramm von Zillis verzichtet nicht auf die Osterbotschaft. Diese erscheint allerdings in eher ungewohnter Gestalt: Die Bilder geben nicht einfach das wieder, was die Evangelien an Ostergeschichten erzählen. Zu leicht könnte der Eindruck entstehen, es handle sich da um eine längst vergangene, alte Geschichte, die mit dem jetzigen Leben nichts zu tun habe. Die Bilder erzählen daher beispielhaft vom Zilliser Kirchenpatron, dem heiligen Martin, der sein Leben nach dem König mit der Dornenkrone ausgerichtet hat. Auferstehung hat mit «aufstehen» zu tun: Jesus ist aufgestanden ins Leben all derer, die wie er Menschen aufstehen helfen.

Martin ist anfangs des 4. Jahrhunderts in Ungarn geboren. Sein Vater war ein römischer Hauptmann aus Pavia. Wenn sein Sohn «Martin» heisst, so ist er nach dem römischen Kriegsgott Mars benannt. Der Name drückt den Wunsch des Vaters aus, dass auch der Sohn das Kriegshandwerk ausüben möge. Doch Martin besucht gegen den Willen seiner heidnischen Eltern den christlichen Taufunterricht. Offenbar hat er dort viel von der Demut Jesu gelernt. In der Folge vertauscht er zum Beispiel mit seinem Knecht die Rolle und bedient diesen, anstatt sich von ihm bedienen zu lassen. Seit dem 5. Jahrhundert wird Martin als Beschützer aller Bedrängten und als Schrecken aller Gewalttätigen verehrt.

Tafel 147 zeigt Martins Pferd. Der Reiter ist abgestiegen, um dem vor Kälte schlotternden Bettler die Hälfte seines Mantels zu geben. Als Angehöriger des römischen Heeres war Martin verpflichtet, zur Hälfte für seine Kleidung selber aufzukommen. Er kann also nur das verschenken, was ihm gehört, doch das gibt er ganz. – Manchmal wird Martin dargestellt, wie er dem Bettler im Vorbeireiten die eine Hälfte des Mantels vom Pferd herab zuwirft. Hier ist er vom Pferd abgestiegen, geht zum Bettler hin, neigt sich zu ihm hinunter und lässt ihn spüren, wie er an dessen Schicksal Anteil nimmt.

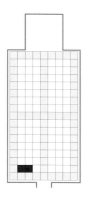

Tafel: 148

Es geschah an einem Wintertag, dass er ritt durch das Tor von Amiens, da begegnete ihm ein Bettler, der war nackt und hatte noch von niemandem ein Almosen empfangen. Da verstund Martinus, dass von ihm dem Armen sollte Hilfe kommen; und zog sein Schwert und schnitt den Mantel, der ihm allein doch übrig war, in zwei Teile, und gab die eine Hälfte dem Armen, und tat selber das andere Teil wieder um. Des Nachts darnach sah er Christum für ihn kommen, der war gekleidet mit dem Stücke seines Mantels, das er dem Armen hatte gegeben. Und der Herr sprach zu den Engeln, die um ihn stunden: Martinus, der noch nicht getauft ist, hat mich mit diesem Kleide gekleidet. Davon ward aber der Heilige nicht hoffärtig, sondern er erkannte Gottes Güte; und liess sich taufen, da er seines Alters war achtzehn Jahre.

Aus der Legenda Aurea des Jakobus de Voragine

Martins Demut

Tafel 149 zeigt Martins Weihe zum Akolythen, d.h. zum Diener des Diakons und zum Kerzenträger in der Messe. Das Amt des Diakons hatte Martin aus Demut ausgeschlagen. Er wollte dienen wie Christus.

Das Amt des Akolythen kann er nicht ablehnen, weil ihm dies als Hochmut ausgelegt werden könnte. – Die Tafel ist sehr mitgenommen: Bischof Hilarius von Poitiers hat kein Gesicht mehr. Die Farben sind verblichen, auf den ersten Blick ein nichtssagendes Bild. Das Geschehnis ist jedoch noch deutlich zu erkennen: Bischof Hilarius hält eine brennende Kerze in der linken Hand. Die Rechte legt er Martin auf den Kopf, um ihn zu weihen. Martin neigt sich ihm demütig entgegen und ergreift mit beiden Händen die brennende Kerze.

In Ligugé gründete Martin das erste Kloster in Gallien. Im Jahre 371 wurde Martin gegen seinen Willen zum Bischof von Tours geweiht. Er wollte weder Bischof werden, noch in einem Palaste wohnen. Deshalb versteckte er sich in einem Gänsestall, doch die schnatternden Tiere verrieten ihn. Es gelang, ihm klar zu machen, dass man keinen stolzen Bischof wolle, der auf die Niedrigen herabschaue, keinen, der reich sei und mit den Armen kein Mitleid habe. Es war wieder ein Zeichen seiner Demut, dass er schliesslich doch einwilligte, Bischof zu werden. Allerdings behielt er seine mönchische Lebensweise auch als Bischof bei. In der Kirche soll er sich nie auf den Bischofsstuhl gesetzt haben, sondern immer einen kleinen, unscheinbaren dreibeinigen Bauernstuhl bevorzugt haben.

Auch in Ketzern sah Martin die Menschen und forderte für sie eine faire Behandlung: Priscillus, ein Laie vornehmer Abstammung, rief in Spanien eine asketische Erweckungsbewegung ins Leben. Auf Betreiben seiner Gegner wurde die Lehre 380 auf der Synode von Saragossa verurteilt. Priscillus wurde schliesslich in Trier der Magie angeklagt. Über ihn und einige seiner Anhänger wurde die Todesstrafe verhängt, andere kamen mit Verbannung davon. Obwohl Martin gegen die Lehre der Priscillianer war, wehrte er sich am Kaiserhof in Trier dagegen, dass sie blutig verfolgt würden.

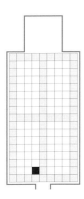

Tafel: 149

Martinus kam zu Sankt Hilarius, dem Bischof von Poitiers, der weihte ihn zum Akolythen.
Aus der Legenda Aurea des Jakobus de Voragine

Martins österliche Kraft

Martin werden mehrere Totenerweckungen zugeschrieben. Sogar einem, der sich erhängt hatte, soll er das Leben wieder geschenkt haben. Wo Martin hinkommt, erweckt er neues Leben: In Paris soll er einem Aussätzigen begegnet sein, vor dem allen andern grauste. Martin küsste ihn und gab ihm seinen Segen. Dadurch wurde der Aussätzige rein und gesund.

Die Legende attestiert Martin grosse Geduld; niemanden habe er von seiner Liebe ausgeschlossen. – Sündern gegenüber war er von grosser Barmherzigkeit. Einst soll ihn der Teufel gerügt haben, dass er jene zur Busse annehme, die gefallen seien. Da soll ihm Martin geantwortet haben: Wenn du, Elender, von der Versuchung der Menschen liessest, und Reue über deine Sünden zeigtest, wollte ich dir Christi Barmherzigkeit versprechen, im Vertrauen auf den Herrn. Offenbar gab es für Martin so wenig hoffnungslose Fälle wie für Jesus! – Martin erweist sich als einer, der konsequent Jesus nachfolgt. In Jesu Demut und in Jesu Kraft.

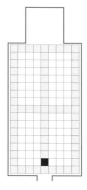

Tafel: 150

Daselbst geschah es, dass er einst eine kleine Zeit von seinem Kloster ging; und da er wiederkam, fand er seiner Katechumenen einen gestorben, dass er die Taufe nicht hatte empfangen. Da trug ihn Sankt Martin in seine Zelle, beugte sich über seinen Leib im Gebet, und rief ihn wieder ins Leben zurück. Derselbige Mensch pflegte zu erzählen, dass über ihn schon das Urteil ward gegeben, und er verbannt wurde an einen dunklen Ort: da sprachen zween Engel zu dem Richter, das sei der, für den Martinus bete. Da ward den Engeln geboten, ihn zurückzuführen und ihn Sankt Martino lebend wieder zu geben. Auch einen andern erweckte der Heilige wieder zum Leben, der sich hatte erhenkt.

Aus der Legenda Aurea des Jakobus de Voragine

Mein König trägt die Dornenkrone

Tafeln: 151, 152

Auch Martin hat eine Versuchung zu bestehen: Der Teufel erscheint ihm als königliche Christusgestalt. Tafel 152 zeigt ihn in einem Gewand mit kostbaren Borten und einer Krone: ein Christus in Herrlichkeit. Martin hält ihm entgegen, er könne das nur glauben, wenn Christus sich ihm in der Gestalt zeige, in welcher er gelitten habe, und wenn er die Wundmale der Kreuzigung erkenne. Für Martin ist Christus der Erniedrigte, der Leidende, der Demütige, der König mit der Dornenkrone. Darin stimmt Martin mit Bernhard von Clairvaux überein. Martin hat den Teufel durchschaut, darum steht dieser plötzlich in seiner richtigen Gestalt vor ihm (Tafel 153). Wie bereits in der Versuchungsgeschichte Jesu (Tafeln 99–101) ist er im Profil gemalt, wie es der Darstellungsweise dieser Zeit entspricht.

Versuchung durch den Teufel scheint an der Zilliser Decke ein wichtiges Motiv zu sein: Die Macht als Versuchung Jesu erscheint im Zentrum des Deckenkreuzes. Und mit Martins Versuchung, in Christus den König in Herrlichkeit zu sehen, endet der ganze Zyklus. Die Versuchung Jesu und die Versuchung Martins sind dem Teufel missglückt. Offenbar hat er über einen Menschen nur so viel Macht, wie dieser ihm einzuräumen bereit ist. Wer sich an den König mit der Dornenkrone hält, lässt sich nicht durch Macht und Prunk blenden und verführen. Das Böse reicht allerdings bis ins Leben der Christen hinein. Es ist mehr als eine Randerscheinung und lässt sich nicht einfach hinausdrängen, wie eine oberflächliche Betrachtung der Ungeheuer am Rande draussen vielleicht nahe legen könnte. Mitten drin, mitten im Leben kann das Böse seine Macht ausspielen, und wer selber nach Macht strebt oder sich von Macht beeindrucken lässt, bei dem hat es leichtes Spiel. Wer hingegen dem König mit der Dornenkrone nachfolgt, widersteht solchen Versuchungen erfolgreich. Die gesamte Bilderfolge der Zilliser Decke möchte zur Treue gegenüber dem König mit der Dornenkrone einladen.

Wer den Bildern zu den Jesusgeschichten und dann denjenigen zur Martinslegende gefolgt ist, hat sich unmerklich dem Hauptportal der Kirche genähert. Er ist auf dem Weg hinauszugehen. Ja, die Bilder schicken ihn gleichsam auf seinen eigenen Lebensweg: *Geh auch du und tue desgleichen!* (Luk 10, 37).

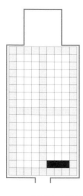

Tafel: 153

Einst erschien ihm der Teufel in eines Königs Gestalt, mit Purpur und Krone und goldenen Stiefeln bekleidet, heiteren Mundes und freundlichen Angesichts. Nachdem sie beide lange Zeit hatten geschwiegen, sprach der Teufel: Martine, erkenne, den du anbetest: ich bin Christus, der auf Erden will niedersteigen; aber zuvor wollte ich mich dir offenbaren. Und da Martinus noch immer schwieg und sich verwunderte, sprach der Teufel: Martine, warum zweifelst du und glaubst nicht, da du mich siehest? Ich bin Christus. Da gab Sankt Martino der Heilige Geist ein, dass er sprach: Mein Herr Jesus Christus hat nicht gesagt, dass er in Purpur kommen wollte und mit gleissender Krone, darum glaube ich nicht, dass er es sei, so ich ihn nicht in der Gestalt sehe, in der er litt, und die Wundmale der Kreuzigung an ihm erkenne. Bei diesen Worten verschwand der Teufel und liess die ganze Zelle voll Stankes.

Aus der Legenda Aurea des Jakobus de Voragine

Rahmen:
Engel blasen zum Weltgericht

Alle vier Ecken der Zilliser Decke waren wohl von Engeln besetzt. Leider sind nur zwei (Tafeln 1 und 9) davon erhalten, die andern beiden (Tafeln 25 und 33) sind Kopien. Sie tragen die Namen «Auster» (Südwind) und (in Spiegelschrift) «Aquilo» (Nordwind). Die Engel gegenüber hiessen wohl «Oriens» (Ostwind) und «Occidens» (Westwind). Ob die heutige Anordnung der ursprünglichen entspricht, kann man sich fragen, denn eigentlich müssten sich Auster und Aquilo einerseits und Oriens und Occidens andererseits diagonal gegenüber stehen. Durch die Beschriftung der Engel stehen sich «A» und «O» gegenüber, wohl als Anspielung auf Offenbarung 1,8 und 22,13. Wie das übrige Neue Testament ist die Offenbarung griechisch geschrieben. A(lpha) ist der erste griechische Buchstaben, O(mega) der letzte. Wenn Christus das A(lpha) und das O(mega) ist, umschliesst er alles, d.h. alles steht unter seiner Herrschaft. Die Offenbarung stellt ihn als endzeitlichen Weltrichter dar. Ihm sind alle Rechenschaft schuldig, ihm gegenüber sind sie verantwortlich. Das Blasen der Engel will wohl sagen: Es ist Zeit, jetzt kommt der Tag des Gerichts. Jeder hat zwei Tuben: Die eine bläst er, die andere hält er verkehrt. Letztere sind wohl als die angehaltenen Winde zu deuten. – *An den vier Ecken der Erde* stehen diese Engel. (Off 7,1) Hier stehen sie an den Ecken der Zilliser Decke. Das deutet darauf hin, dass dieses Bildprogramm auch als eine Art Weltbild zu verstehen ist: Dieses Weltbild hat mehr mit *Sinn* als mit Geografie zu tun. Es will alle, die hinaufschauen, an ihre Verantwortung gegenüber dem König mit der Dornenkrone erinnern und mahnen, es damit ernst zu nehmen.

Es ist tröstlich zu sehen, dass es Engel sind, welche die vier Eckpositionen inne haben. Die zum Teil Angst einflössenden Ungeheuer des Rahmens werden von ihnen in Schach gehalten. Das bedrohliche Wasser muss draussen bleiben. – Zusammen mit dem grossen Kreuz geben die Engel der gesamten Decke – und dem Leben des Menschen – Struktur, Ordnung und Sinn und damit auch Richtung und Halt.

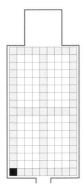

Tafel: 33

Darnach sah ich vier Engel an den vier Ecken der Erde stehen und die vier Winde der Erde festhalten, damit kein Wind wehe über der Erde noch über das Meer, noch über irgendeinen Baum.

Ich bin das A und das O, der Erste und der Letzte, der Anfang und das Ende.

Offenbarung 7,1; 22,13

Rahmen: Drei Schiffsszenen

Tafeln: 11, 12

D ie drei Schiffsszenen (Tafeln 10, 11 und 12) im Rahmen passen nicht so recht zu all den Ungeheuern und Fabelwesen. Es ist viel gerätselt worden, was sie darstellen sollen. Auf Tafel 10 wurde der Fischzug des Petrus vermutet (als Berufungsgeschichte: Luk 5,1–11 oder als Ostergeschichte: Joh 21,1–14) Dagegen spricht, dass die Jünger ohne Nimbus gemalt sind und dass Jesus fehlt. Auch müsste das Bild in die Folge der Jesusgeschichten eingereiht sein. – Es könnte sich bei Tafel 10 auch um die Illustration des Gleichnisses vom Fischnetz handeln (Mat 13,47–50). Dagegen spricht, dass die Fische ausserhalb des Netzes nicht weggeworfen sind. Allerdings – und das spricht doch für eine solche Interpretation – spielte genau dieses Gleichnis bei Bernhard von Clairvaux eine wichtige Rolle. Wie die Engel in den Ecken wäre das Bild dann als Mahnung zu lesen, sich anzustrengen, um zu den guten Fischen zu gehören. – Geht es vielleicht um die Kirche als Menschenfischerin? Auf den Tafeln 11 und 12 wollte man etwa die Jonageschichte erkennen. Dagegen spricht, dass an der Zilliser Decke sonst keine alttestamentlichen Geschichten gemalt worden sind. Zudem fehlt jede Andeutung von einem Sturm. – Für diese Deutung könnte sprechen, dass Jona ja vor Gott fliehen wollte, dass also seine Darstellung am Rand bei den Monstern und Fabelwesen gerechtfertigt wäre. So verstanden diente die Jonageschichte der Erinnerung, dass Gott selbst in diesem Bereich eingreifen kann. Da jedoch das Thema der Deckenbilder die Gefolgschaft des Königs mit der Dornenkrone ist, bleibt die Deutung auf Jona eher unwahrscheinlich. Tafel 11 ist auch mit dem Gleichnis von den anvertrauten Talenten in Zusammenhang gebracht worden (Mat 25,14–30). Auch da wäre allerdings zu fragen, weshalb ein Gleichnis Jesu im Rahmen platziert worden sein sollte.

Neben den Fabelwesen und Monstern nehmen sich die Menschen in den Schiffen merkwürdig aus. Im innern Feld der Decke ist für sie kein Platz. Also ist davon auszugehen, dass sie immer Teil des Rahmens gewesen sind. Dann müssen sich aber nicht unbedingt biblische Geschichten dazu finden lassen. Weil Versuchung und Gefährdung ein zentrales Thema des Zilliser Bildprogramms sind, könnte es sich ganz einfach um Möglichkeiten menschlicher Gefährdung handeln. Weshalb wird diese durch Wasser und Schiffe angedeutet? Wasser zieht sich dem gesamten Rand entlang – nur die Engel in den Ecken stehen auf dem Trockenen. Wenn die dargestellten Monster im Wasser schwimmen, dann ist Wasser ja offensichtlich das Musterbeispiel der Gefährdung. Die Schiffe könnte man als Anspielung auf das Bild von der Kirche als Schiff verstehen. Nicht nur Einzelne, auch die Kirche ist gefährdet.

Tafel: 10

Rahmen: Bedrohung ringsum

Tafeln: 4, 18, 15

Die Tafeln 140–143 zeigen Jesus ringsum von Feinden bedroht und umgeben. Auch die Zilliser Decke als Ganzes hat einen bedrohlichen Rahmen: Da sind die *Sirenen* (Tafeln 4, 5 und 6 und deren Kopien: 28, 29 und 30), die Frauen mit Fischschwänzen, die mit ihrem Gesang und ihrer betörenden Musik die Schiffer ins Verderben locken. Wenn man davon ausgeht, dass die Schiffsszenen alltägliche Bedrohungen des Menschen darstellen, dann stehen auch diese Sirenen für die vielfältigen Versuchungen, denen man erliegen kann. – Dann sind da Menschen, die auf Ungeheuern reiten und diese scheinbar domestiziert haben (Tafeln 13 und 18). Ganz ohne Gefahr scheint dies allerdings nicht zu sein: Es ist durchaus möglich, dass schliesslich das Monster den Menschen besiegt. So leckt ein Wolf mit Fischschwänzen vergnügt die Fusssolen eines an einen Stab gefesselten Menschen (Tafel 19). Auch unter den Mischwesen, die auf dem Meer schwimmen, scheint es nicht immer friedlich zuzugehen: So sieht man zum Beispiel ein Ungeheuer mit Fischschwänzen, das einen Hahn-Fisch zerbeisst (Tafel 15).

Warum ist Bedrohung ausgerechnet im Wasser dargestellt? Bereits im Alten Testament wird Wasser als Bedrohung erlebt. Das schimmert zum Teil noch in der Schöpfungsgeschichte in 1. Mose 1,1–2,4 durch: Da wird nicht von einer Schöpfung aus dem Nichts erzählt, sondern von einer Schöpfung aus dem Chaos, und dieses Chaos ist wesentlich Wasser, bedrohliches, Leben gefährdendes Wasser. Noch deutlicher kommt das in einer Schöpfungsgeschichte der Babylonier zum Ausdruck, die mit einem Kampf zwischen zwei Gruppen von Göttern beginnt. Die Anführerin der Chaosgötter, Tiamat, entspricht dabei sogar sprachlich dem, was die erwähnte alttestamentliche Schöpfungsgeschichte «Urflut» nennt. An eine Gottheit ist in der Bibel dabei nicht gedacht. Es gibt allerdings Stellen im Alten Testament, die noch auf diesen Kampf Gottes gegen verschiedene Wasserungeheuer anspielen (vgl. Ps 74,12–14). Manchmal stehen die Namen dieser Wasserwesen auch als Symbol für feindliche Völker (vgl. Jes 30,7). In jeder ernsthaften Bedrohung Israels leben diese Ungeheuer wieder auf. Obwohl Gott sie besiegt und das Chaoswesen Leviathan nur zum Spielen geschaffen hat (Ps 104,26), bleiben sie eine latente Bedrohung. Darum erwartet die sogenannte Jesajaapokalypse (Jes 24–27), dass sie am Ende der Zeit von Gott endgültig besiegt und getötet werden.

Auf diesem alttestamentlichen Hintergrund fügen sich die Mischwesen am Rand ins eschatologische Konzept der Decke: Die Engel in den Ecken halten sie in Schach, ihre Zeit ist bald abgelaufen. König ist Jesus. Darum haben sie ausgespielt.

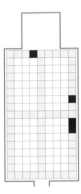

Tafel: 19

Die Decke als Deutung der Welt

Die Bilder der Zilliser Decke wollen mehr als einfach biblische Geschichten erzählen. Mit der Auswahl der Geschichten und deren Anordnung wird eine Deutung des Lebens und der Welt gegeben. Die Decke hat auffallende Ähnlichkeit mit Weltkarten jener Zeit. Ihr Interesse ist allerdings kein geografisches, es geht vielmehr um den Sinn der Welt und des Lebens. Dabei werden die Betrachter mit einbezogen. Wie auf zeitgenössischen Weltkarten, und wie es der damaligen Vorstellung entspricht, ist die von Menschen bewohnte Erde vom Meer umflossen. Ausser den vier Ecken, die mit Engeln besetzt sind, zeigen alle Rahmenbilder Wasserwellen. Darin tummeln sich Monster aller Art. Diese absonderlichen Wesen sind alle von der Seite (im Profil) zu sehen, wie auf den Bildern zu den einzelnen Geschichten der Teufel, die Dämonen und der Verräter Judas. In der romanischen Kunst wird diese Art der Darstellung nur für das Böse gewählt. Dieses ist mehr als nur eine Randerscheinung. Mitten in der Welt, mitten im Leben taucht es auf. Es ist kein Zufall, dass ausgerechnet im Feld in der Mitte, im Schnittpunkt des Kreuzes, noch einmal eine Art Weltkarte erscheint (Tafel 101). Der Maler hat sie als schwarzen Kreis zwischen den Teufel und Jesus gemalt. Mit weissen Strichen sind Türme (Paläste), Kelche und Geld darauf gezeichnet. Macht und Reichtum will der Teufel Jesus geben, wenn dieser sich vor ihm niederwirft und ihn anbetet. Doch Jesus wehrt ab. Er entscheidet sich nicht für Macht und Besitz, sondern dafür, sich ganz in den Dienst von Gottes Liebe zu stellen und so Menschen zu befreien und aufzurichten, kurz, ihnen Leben zu schenken. Dass der Maler für dieses Bild eine Schamser Kulisse gewählt hat, drückt aus, dass jeder Mensch vor dieser Versuchung und der damit verbundenen Entscheidung steht. Jesus kann die Entscheidung niemandem abnehmen. Auch an den Kirchenpatron Martin von Tours ist sie herangetreten (Tafeln 151-153), doch er hat sie erfolgreich bestanden wie sein Meister. Jesus und Martin haben Vorbildcharakter für alle Christen.

Die Jesus-Geschichten und die Martinslegende beschreiben das Leben. Es ist von innen und aussen bedroht und gefährdet: Etwa durch die Macht eines Herodes, dann aber auch durch Mächte, die Menschen in Besitz nehmen und ihnen ihre Persönlichkeit rauben, durch Krankheit, Behinderung und Tod. Es ist genauso gefährdet durch festgefahrene Vorstellungen, die ihm keinen Raum lassen.

Die Botschaft der Decke ist klar: Jesus wird zwar verspottet und getötet, doch die Liebe, die er gelebt hat, lässt sich so nicht aus der Welt schaffen. Noch als verspotteter König mit der Dornenkrone überragt er seine Peiniger nicht nur an Körpergrösse, sondern auch an Bedeutung.

Wahrhaft königlich steht er auf dem letzten Bild (Tafel 146) da, frontal seinen Betrachtern zugewandt, als wolle er sie ermutigen, wie er auf dienende, befreiende Liebe zu setzen, die Leben schenkt, und nicht auf zerstörerische Macht und Gewalt, die Leben bedroht und zerstört.

Das alles wird unterstrichen durch das Kreuz, welches durch doppelte Borten auf beiden Seiten der mittleren Bilderreihen angedeutet ist. Das Kreuz reicht bis in den Rahmen hinaus. Die Schöpfer des Zilliser Bildprogramms stellen damit alles unter die Herrschaft des Gekreuzigten, des demütigen Königs mit der Dornenkrone und damit unter diejenige Gottes, dessen Engel in den vier Ecken der Decke, d.h. der Welt, postiert sind. Diese deuten bereits an, dass die jetzige Welt, in der Macht und Gewalt regieren, vorläufig ist. Ihre Tage sind gezählt. Endgültig ist allein Gottes Liebe.